# 家賃は今すぐ下げられる！

家賃崩壊時代にトクする知恵

日向咲嗣 著

# 改訂新版刊行にあたって——家賃崩壊をあなたは知らない

都市部で起きた殺人事件が報道されたとき、よく話題になるのが、その現場周辺の不動産である。

報道では細かい番地までは掲載されていなくても、外観写真や映像などからたちまちその現場となった物件が特定される。もし空き部屋があれば、不動産検索サイトなどからその募集ページに掲載されている家賃がネットに書き込まれることもめずらしくない。

最近話題になったのが神奈川県座間市で起きた「座間9遺体事件」の現場だ。自殺願望をほのめかしたまま行方不明になっていた女性ら9人の遺体が発見されたこの事件は、世間に大きな衝撃を与えたので、みなさんもきっと覚えておられるだろう。

容疑者の男が住んでいたアパートの家賃が2万2000円であると、誰かがSNSに書き込むと、ネット上には「そんなに家賃が安いのは、『事故物件』に違いない」などと、まことしやかな情報が流れてきた。「事故物件」とは、最近、殺人・自殺・孤独死などの

「事故」が起きた、いわくつきの不動産のこと。告知義務があるため、当然相場よりも賃料は安い。

座間の物件の場合は、ロフト付き三角屋根の洒落た外観のアパートだったため、いかにも信憑性のある話ではあったが、日ごろから不動産サイトを検索する習慣のある人なら、それがデマであることは、すぐに気づいたはずだ。

この私鉄沿線エリアにおいては、急行の停まらない最寄り駅のワンルームになると、2万円台など特にめずらしくもない。木造アパートではなく鉄筋のマンションですら、少し築年数が古いものになると、2万円台で見つかるのだ。

それからすると件のアパートの2・2万円は、明らかに相場の範囲内。一見して洒落た外観に見えるが、築年数は25年以上と古く、一時期大量に建てられたローコスト物件の典型タイプだった。

家賃が安いのは、自殺があったなど特別な事情のある「事故物件」に違いないと思う人が多いのは「家賃は年々下がり続けている」ことを、いかに一般の人が知らないかということの証左だろう。

都市部では、安くてもワンルームなら6万円以上、2DK以上のファミリータイプなら10万円以上は覚悟しないといけない、というかつての常識は、とっくに崩壊している。

一部の人気沿線・エリアに限っては依然として高いままではあるものの、少しエリアをほかに広げてみるだけで、世の中には、驚くほど安い物件が見つかることに気づくはずだ。地方都市では、すでにワンルームマンション（木造アパートではない）の最安家賃は、1万円台に突入している。

そうした不動産に関する間違った常識や先入観にとらわれずに行動することをコンセプトに、2013年に刊行したのが『家賃を2割下げる方法』である。

この本には、特別なことはなにひとつ書いていない。いま住んでいる部屋の家賃を、

（1）周辺相場と比較してみる

（2）もし高かったら家賃の値下げを要求する

（3）その交渉が決裂したら引っ越すなど別の選択肢を検討する

というたった3つのことしか書いていない。

にもかかわらず、実用的ノウハウが読者の方から高く評価され、アマゾンなどでは、軒並み4点以上の好評価をつけたレビューを多数いただいていた。ところが、残念なことに

版元の倒産により販売継続できないという緊急事態に見舞われてしまった。

そこで、前著の内容をベースにしてより実用的な版に進化させたのが本書である。古くなったデータを最新のものにさしかえ、また現在の実情に合わせて大幅に加筆修正。それと同時に、家賃を安くするだけでなく、エピローグでは激安物件の購入の心得まで指南した。今回の版で、とりわけ注目していただきたいのが、前著にはなかった、担当編集者による実録編・家賃交渉ドキュメントを収録した第4章である。

前著刊行当時、担当編集者は、アドバイザーだった不動産のプロからこう言われていた。「その大家の代理人を務める大手サブリース会社は、1ミリも家賃交渉に応じないことで有名です。交渉しても、下げるのは、まず不可能」と〝逆太鼓判〟を押されていたのだが、「人柱」として果敢にも家賃値下げのために法的措置までチャレンジしてみた顛末が詳細に記してある。果たして、結末はどうなったのか。本書の実践的ノウハウを先にマスターしていただいてから、最後にお読みいただくとより味わい深い構成になっている。

家賃交渉するつもりはない人も、大手不動産会社がどう出てくるのかくらいは知っておいても決してソンはないだろう。意外な結末が待っていたのだから。

それでは、新・激安家賃で暮らす法を存分にお楽しみください。

家賃は今すぐ下げられる！◉もくじ

## 第3章 カンタン！家賃値下げ交渉マニュアル 109

装幀◉原田恵都子（ハラダ＋ハラダ）
イラスト◉植本勇
図版デザイン◉河村誠
まとめデザイン◉二神さやか

# プロローグ——「稼がない」所得倍増術

## ●大家と交渉したらアッサリ家賃が下がって…

ある質問サイトに、こんな内容の書き込みがあった。

質問者は、20年前、当時新築だったマンションに7万2000円（管理費込み。以下同）の家賃で入居。その後、2年の更新ごとに三度、家賃は改定されて、8万4000円までアップしたものの、ここ十数年間は、その額のまま据え置きとなっていた。

通常1カ月分かかる更新料も、過去3回は、大家さんの〝厚意〟によって、2万円程度の事務手数料のみで済んでいたという。

ところが、たまたまネットで自宅周辺の賃貸物件を検索していたら、とんでもなく安い物件が出ているのを見つけて、ビックリ！

いま住んでいるマンションと、駅からの距離、外観、部屋の間取り等の条件がほぼ同じなうえ、築年数の新しい物件が家賃5万5000円だったからである。

近く更新を控えていることもあり、大家さんに家賃を値下げしてもらえるようお願いしたいのだが、果たしてそのような交渉は可能なのか、また交渉したらどの程度下げてもらえるだろうか、というのが質問の主旨であった。

これに対して、「近隣に同条件で安い物件を見つけた事実を率直に言ってみて、希望の賃料まで値下げしてほしいとの希望を伝えてみればいい」との回答がいくつか寄せられたことに勇気を得た質問者は、さっそく大家さんに交渉してみた。

すると、思いのほかあっさりと応じてくれて、管理費込みの家賃が7万円と、1万4000円も下がる結果となったと報告されている。

## ●どうして安い物件に引っ越さないの？

さて、あなたはこのケースを読んで、どう感じられただろうか。

「交渉したら、そんなに簡単に家賃が下がるなんて」と驚く人もいれば、逆に「20年間も黙って値下げ交渉しないほうがおかしい」と思った人もいるだろう。

私が驚いたのは、第一に、近隣にいまよりも条件のいい物件が安く出ているのであれば、なぜ、そちらへ引っ越すことを優先して考えないのかということである。

考えてもみてほしい。いまの家賃8万4000円が、もし5万5000円まで下がったとしたら、その差額は月2万9000円にもなる。その分だけ、毎月の可処分所得が確実に増えるわけで、2年の更新期間でみたら、総額69万6000円。10年単位で考えたら今後350万円もの可処分所得を獲得するチャンスが目の前に転がっているのである。

たとえ引っ越し費用に15万円くらいかかったとしても、その投資額を半年で取り戻せるわけだから、飛びつかないほうがおかしい。

「いま住んでいる部屋が気にいっているので、このまま長く住み続けたい」ということの質問者さんの気持ちは、わからなくもない。しかし、それならば、どうしてもっと強気で交渉してみないのだろうか。

もちろん、近隣で見つけた5万5000円の物件がワケ有りで、相場からみて極端に安いために、交渉材料にはならないかもしれないので、周辺相場をしっかりと調べてから交渉する必要があるのは言うまでもない。

だが、少なくとも、20年前に新築で素晴らしい部屋だったときと、現在すでに築20年になって古ぼけてしまった物件とを比べたら、この20年間、たとえ賃料相場にまったく変動がなかったとしても、その賃料は、相応に安くなっているのは、疑いようもない事実なのである。

## ●日常生活に浸透してきた「激安」たち

物価下落と実体経済の縮小がスパイラルに起きるデフレからの脱却が叫ばれるようになって久しい。

しかし、20年以上もの長きにわたり、ありとあらゆるものの価格が下がるデフレが続いたおかげで、勤労者世帯は多少減収になったとしても、価格下落のメリットを享受することによって、それなりに楽しく暮らせるはずである。

かつては20万円以上していたノートパソコンは、いまや5万円以下。アマゾンでは2万円台で買えることもある。生活雑貨のほとんどは100円ショップで賄えるし、給料日前には、移動販売の激安弁当が心細いふところを助けてくれる。休日には、豪華海鮮食べ放題で、おみやげまでつくバスツアー4980円に参加するもよし、ほかの人と休みをズラして「LCCで行く沖縄3日間宿泊費込み2・48万円」を堪能することだってできる。

「激安」という言葉が、もはやわれわれの日常生活の隅々まで入り込んで定着していると言ってもいいだろう。

にもかかわらず、多くの勤労者世帯では、少し減収になっただけで、大きなダメージを受けてしまうのは、なぜだろうか。

それは、勤労者の家計が目に見えない深刻な「病」に冒されているからである。

## ●〝家計の四大疾病〟のなかの最大の「病」

私は、生命保険、社会保険、住居費（家賃または住宅ローン）の3つを〝家計の三大疾病〟と呼んでいる。子どものいる世帯は、これに教育費を加えて〝四大疾病〟と呼んでもいい。これらは、なんの対策を講じず放置しておくと、減収などによって家計の〝体力〟が弱ったとき、突然死＝家計破綻をまねきかねない非常にやっかいな存在である。

デフレ時代にあっても、生命保険の保険料は加入時に固定化されたまま（新規に加入すれば、年齢が高くなっていたり、予定利率が下がっている分だけ保険料は高くなる）。社会保険のほうは、固定化どころか、厚生年金も健康保険も年々確実に保険料はアップし続けている。

そして、なんといっても、勤労者世帯の家計を圧迫している最大の「病」なのが、住居費である。

単身者用アパートの家賃は、全国平均で5万5000円（社会人／2016年アットホーム調べ）。都市部になると、6万円以上は常識。

いったい、誰が言い出したのか、「家賃は、月収の3分の1まで」という目安がいつのまにか一人歩きしていて、前出の調査によれば、平均月収20・01万円のなかから、毎月5万円を超えるお金が出ていくのだから、これではいくら節約しても生活がラクになりようがない。まるで収穫の3分の1を地主に納める小作農と同じだ。

子育て世帯ともなれば、首都圏で不便のない条件の住まいを借りるには、10万円以上の家賃は覚悟しなければならないだろう。

「そんなに払うなら買ったほうがトク」と、マイホーム購入を決断すると、今度は「住宅ローン」という別の魔物が待ち受けていて、地主に代わって〝金貸し屋〟の餌食《えじき》になるだけだ。

払える住宅ローン返済額の目安も、かつては家賃と同じく「月収の3分の1以内」と言われていたが、さすがに住宅ローン破綻が急増した昨今は、「年収の25％以内」と控えめな数字が出るようにはなった。それでも、年収400万円の人が年間100万円もの住宅ローンを払い続けていくのは、決してラクではないだろう。

いまは年収800万円あるから大丈夫と思っている人も、10年後、20年後のことまで考えているのだろうか。もし、転職して年収が大幅ダウンしたり、あてにしていた退職金が少なくなったときには、たちまち月々のローン返済が家計を圧迫するだろう。

少し油断しただけで、家計の突然死にストレートにつながりやすい住居費は、三大疾病のなかでも、最も危険な存在なのである。

## ●なぜか下落していない住居費

ありとあらゆるモノやサービスの価格が下落していくなか、住居費は本当に安くなっていないのだろうか。

まずは、次ページのグラフを見てほしい。

これは、過去40年間の家賃と住宅地地価の全国平均値をグラフ化（1970～2017年）したものである。

地価は、1990年のバブル期にピークを迎えた後、まるでジェットコースターのように急降下の一途をたどっていき、2011年には、ピーク時の半値以下になっている。

それに対して、家賃のほうはバブル崩壊以降もなだらかに上昇するカーブを描いてい

## 家賃と地価の推移

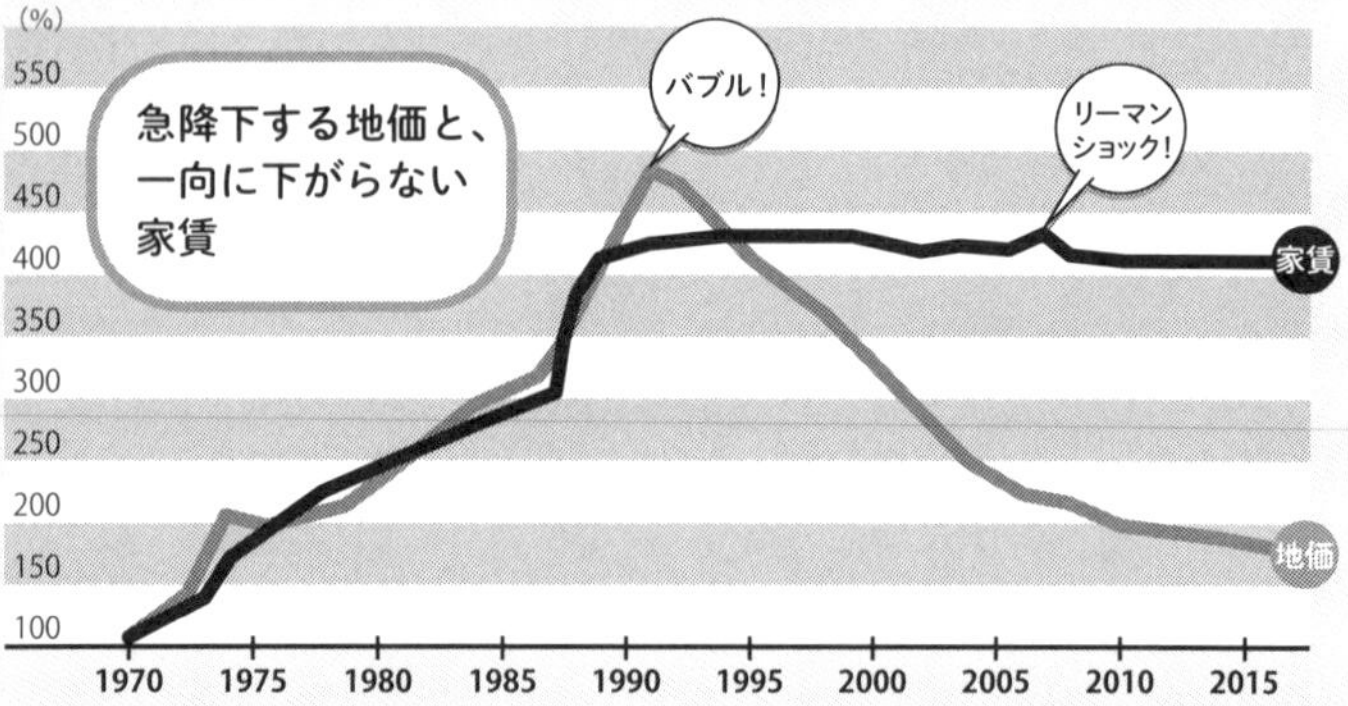


出典：地価＝(財)日本不動産研究所・全国市街地価格指数、家賃＝総務省・小売物価統計調査「家賃」

て、驚いたことに、家賃は下がるどころか、バブルの頃と比べても確実に上昇しているのである。

家賃は、そのときどきの入居者の需要と物件の供給とのバランスによって決まるのだから、単純に地価と連動するものではなく、景気動向や雇用情勢、その地域の人口移動、賃貸や分譲の住宅着工件数、さらには空室率など、さまざまな要素が複雑にからみあって変動するというのが専門家たちの見解なのだ。

ところが、である。

一般の賃貸住宅ではなく、オフィス用のテナントに目を向けてみると、その様相はまるで違ってくる。

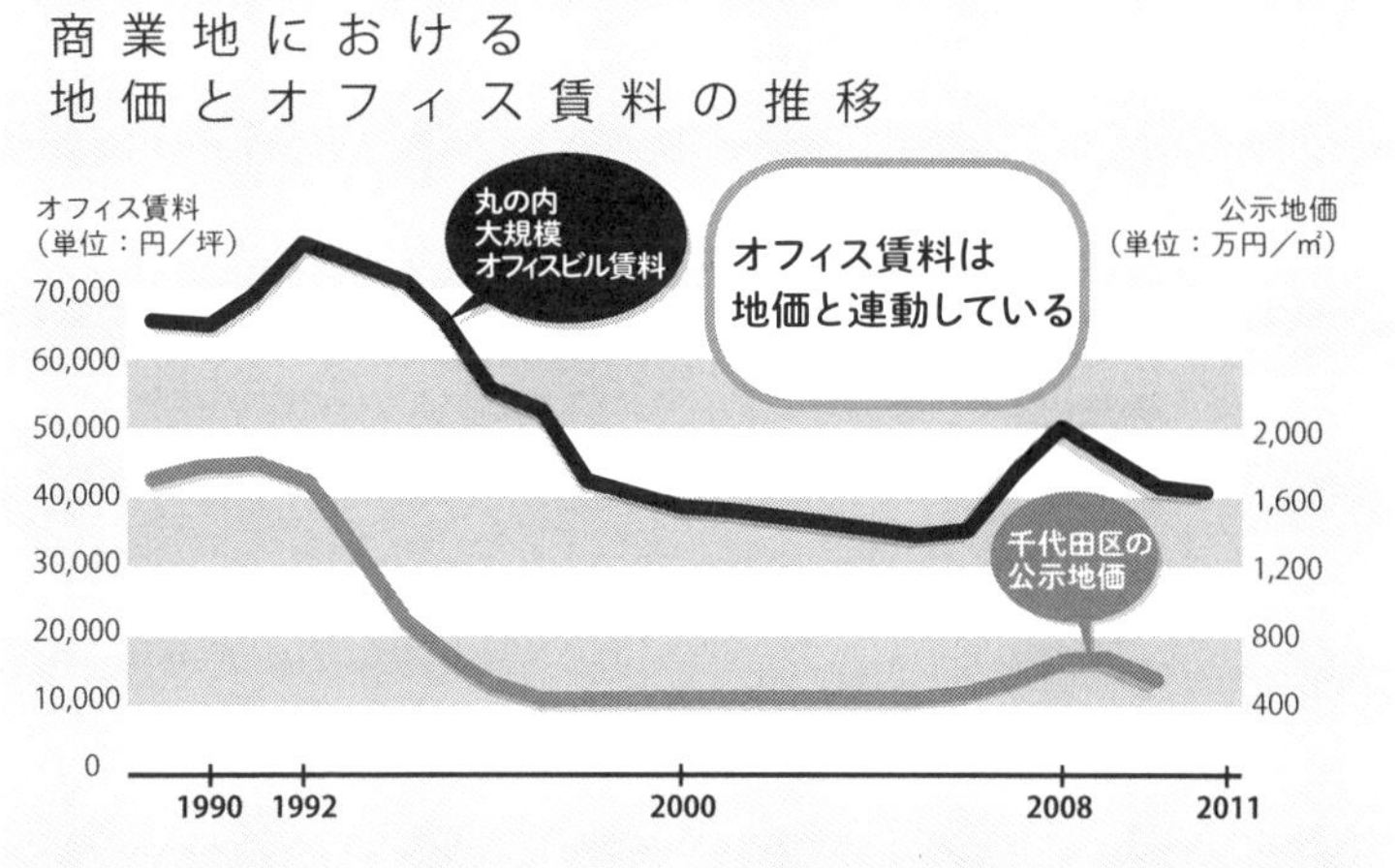

出典：三幸エステート（株）『オフィスレントデータ 2011』

## ●対して、オフィス賃料は右肩下がり

上のグラフを見てほしい。

これは、商業地（東京都心部）における地価（公示価格）とオフィス賃料の推移（1988〜2011年）をグラフ化したものだ。

バブル期のピークに至る1991年までを除けば、地価と賃料は見事に同じカーブを描いているのに注目していただきたい。

一般向けの家賃が素人相手だとしたら、オフィス賃料は、プロを相手にしているというだけで、不動産物件を一定期間貸して、その対価を得るという面ではまったく同じのはず。

にもかかわらず、一方は、地価とは一切連動せずに賃料が値上げされていて、もう一方は、地価とまったく同じく、右肩下がりの動

きをしているのである。

いったい、この違いはなんだろうか。

理由として考えられるのは、オフィスを賃借する事業者は、一般の個人とは違い、そのときどきの経済情勢に合わせて、合理的な行動を取っているということだ。

バブル崩壊後、急速に景気が冷え込んでいくなかで、事業者は、固定費のなかでも人件費に次いでウェイトの高い賃料のコストカットを急務とした。

払っている賃料に見合う収益が得られないと判断したら、さっさと撤退するなり、もっと賃料の安い物件に移転したことだろう。

つまり、人をリストラすると同時に、オフィスのリストラも進めたわけだ。

個人のように、大家となんの交渉もせずに、「いまの部屋が気に入っているから長く住み続けたい」などと、非合理な行動を取ることはあまりない。

テナントは、シビアに費用対効果を見極めるだけだ。一方のオーナーサイドも、空き物件が出て、周辺相場の動きからみて、これまでと同じ賃料では入居が見込めないと判断したら、賃料を下げざるをえない。

入居中のテナントからも、経済情勢の変化に見合った賃料の値下げを要求されることはいまや日常茶飯事である。

その意味では、「オフィス賃料が地価に連動している」というよりも、むしろ「地価こそがオフィス賃料に連動している」と言い換えてもいい。将来、物件価格が値上がりする期待が持てなくなったいま、商業ビルの価値は、その物件を貸していくらの賃料を見込めるかの収益性によって決まってくるものだから。

## ●「家賃は下がらない」は思い込みだった

一般向けの賃貸経営が景気変動の波をかぶることなく、安定した家賃収入をあげられたのは、冒頭で紹介したケースをみてわかるように、高い家賃のままでも文句も言わずに長期間借り続けてくれる賃借人がたくさんいるからだと言っても、あながち的外れではないだろう。

戦後、都市部の人口急増に住宅の供給が追いつかない時代が長らく続いたなかで、日本人のだれもが「家賃は上がることはあっても、決して下がることはない」と思い込んできた。

それは、かつての「土地神話」と同じく、理屈抜きでわれわれ日本人の脳裏に深く刷り込まれた消し去り難い固定概念だったと言っても過言ではない。

しかし、ようやくその呪縛から解き放たれるときがやってきたようだ。

リーマンショック後に起きている〝家賃デフレ〟である。

２００８年から２０１２年までの４年間に、東京23区におけるマンション平均家賃（成約ベース）がなんと約24％も下落していたことが判明！　その後、アベノミクスによって東京都心部は家賃が急上昇したイメージがあるが、現実には、２０１８年４－６月時点の東京23区の同じデータは、２００８年と比べると依然15％以上下落したままだ。

ほかの地方都市でも、同様の下落傾向が見られ、「絶対に下がらない」はずの家賃がズルズルと下がり続けている。

詳しいデータは次章で紹介するが、２００８年以前に10万円で入居者を募集していた部屋が、４年後には、７万６０００円になっていなければならない。

ただ同じ部屋に住み続けていただけで１円も家賃は下がらなかった人にとっては、信じられないくらい大きな格差が生じていることになる。

## ●地方都市では、ワンルームは家賃１万円台に突入

特に、家賃の下落状況が顕著に見てとれるのは、単身者向けのワンルームである。ほんの数年前までは、駅から徒歩圏でさえあれば、どんなボロアパートでも家賃は3万円を下回ることなどありえなかった。

ところが、いまや東京23区を除いた主要な地方都市において、ワンルームの家賃は1万円台に突入していることが判明！

単身者用アパートの全国平均家賃5・5万円からすれば、いくら古いアパートだとしても、1万円台はないと思われるかもしれないが、その乖離は、新規募集家賃と継続家賃の違いにある。つまり、携帯電話で同じキャリアの契約を長年継続している人と、他社に乗り換える人の違いだ。

いちばん家賃が高いはずの東京23区内ですら、新築アパートの賃料相場は、全体の平均相場と大きく変わらない。同じ家賃で古いアパートに長年住み続けている人が、いかにバカを見ているかということである。

牛丼にたとえれば、隣もその隣の席の人も、みんな牛丼一杯350円しか払っていない。なのに、なぜか、あなただけがまったく同じものを一杯500円も払っているのを知って愕然とするような状況である。

引っ越しにあたっては、礼金はもちろん敷金も無料。不動産屋への仲介手数料すら割り引いたうえ、一定期間家賃を無料にしてくれる「フリーレント」がついた新築物件も目白押しとくれば、携帯電話の他社からの乗り換え契約獲得競争に近い激しい競争が起きていることがわかる。

これまでデフレとはほとんど無縁だった賃貸住宅の世界に、凄まじい相場崩壊現象が巻き起こっているのである。

## ●真っ先に取り組むべき「家賃の値下げ交渉」

では、一般の勤労者世帯は、具体的に今後どのような対策を取ればよいのだろうか。私が本書で提案したいのは、以下の3つの行動原則である。

❶ いま住んでいる部屋の家賃の値下げ交渉をしてみる
❷ 更新ごとに、家賃の安い部屋に引っ越しを検討する
❸ 借りるか、買うかにこだわらない

まず真っ先に取り組むべきなのは、家賃の値下げ交渉である。近隣で新規に入居した人たちは、相場の値下がりに見合った家賃で借りられているのに対して、同じ部屋にただ住み続けているだけの人は、そうしたデフレの恩恵は一切受けられない。黙って住み続けていても、家賃は決して下がらないということである。

冒頭で紹介した質問サイトのケースを見てもわかるように、日本人は、他者との摩擦を極端に嫌う傾向があるが、交渉は争いごととは本質的に異なる。ビジネスライクにこちらの希望を伝えればいいいだけだ。

家賃交渉の理論的背景と具体的なノウハウについては次章以降で詳しく述べるが、「そんなこと言ったら、出ていけと言われるのでは?」との心配は無用。

家賃崩壊現象が起きているなかで、出ていかれたら困るのは、果たしてどちらだろうか?　希望を伝えてみてダメであれば、ほかの方法を考えればよいだけだ。

そのときに、重要になってくるのが2番目の「家賃の安い部屋に引っ越しを検討する」という行動原則である。

## ●大家に「ノー」と言われたときの準備

ただ「家賃を下げてほしい」と言うだけでは、交渉ではなく一方的な「お願い」である。頭を下げて「お願い」しても、相手が「ノー」と言ったら、それで終わり。

そこで、もし、こちらの申し出を却下されたときに、どうするかというオプションをあらかじめ用意しておかねばならないわけで、それが2番目の「いまよりも家賃の安いところへの引っ越し」である。

一度入居したら、自分が住んでいる部屋の周辺家賃がどのように変動しているのかまったく関心を持たないまま過ごすことになりがちだが、それがそもそもの失敗のモト。

自分が住んでいる部屋の家賃相場を知らないことこそが、バブル崩壊後も長きにわたって一般の賃貸住宅の家賃が下がらなかった大きな要因の一つであるといってもいい。

かつては、近隣の家賃を調べようと思っても、駅前の不動産屋を一件一件訪ね歩かなければならず、一般人が家賃の相場情報を入手するのは、非常に困難だった。

ところが、いまやネットの賃貸住宅サイトで検索すれば、住んでいる部屋と同じ条件で近隣の物件がどの程度の家賃で出ているかは、ものの数分で調べることができるのだから、「近隣の家賃相場を知らない」のは、ただの怠慢にすぎない。

その調査の結果、いまよりも家賃が安くて条件のいい部屋が見つかったら、そちらに引っ越すことを本気で検討すべきなのは言うまでもない。

また、家賃交渉をするときにも、その近隣情報を材料にすれば、そこで初めて相手の恩情に期待する一方的な「お願い」ではなく、対等な関係に立てる「交渉」になりうる。

もし、「ノー」と言われたら、家賃の安い近隣の物件に引っ越しすればいいのだから。

家賃崩壊時代には、長く住んでいる人ほど相場よりも高い家賃を払うことになるわけだから、引っ越すかどうかは別にして、少なくとも2年に一度は、近隣相場のチェックを怠りなくするのが鉄則である。

人間のカラダの定期検診と同じで、家計の三大疾病の一つである住居費病にかかっていないかどうかを知るために、更新が近づくたびに、家賃負担の健康度をチェックしておけば、常に家計の健康を保てるわけである。

## ●「借りるがトクか、買うのがトクか」はナンセンス

3番目の行動原則は、「借りるか、買うかにこだわらない」である。

よく、雑誌の記事で「家は、借りるほうがトクか、買うほうがトクか?」というテーマ

が取り上げられるが、それこそナンセンスな設問である。

現実には、借りるほうがトクなケースもあれば、買ったほうがトクのケースもあるはず。たとえば、郊外の新築のマイホームを35年ローンで購入したりすると確かに大損する可能性は高いが、中古のマンションを激安で購入して自分たちのライフスタイルに合わせてリフォームするのであれば、ローン期間を短くでき、結果として「買ったほうがトク」かもしれないではないか。

したがって、賃貸か購入かにこだわらず、そのときどきで物件の状況をみて、トクなほうを選択するのが賢明だ。具体的には、「家賃」「住宅ローン」を区別せず、購入した場合は、管理費や修繕費、固定資産税なども含めた、住宅にかける費用が純粋にいくらかかるかを賃貸と比較して決めればよい。その際、「持ち家がステイタス」「持ち家は資産」などという不確定要素はキッパリと捨て去るべき。

いまのところ、まだ不動産の価格は高すぎるが、今後、人口減による地価下落が本格化すれば、郊外では、近い将来、現在の数分の一の価格で買える時代がやってくるだろう。

慎重に検討した結果、チャンスだと思ったときには、賃貸にこだわらず柔軟に方向を転換すべきで、それまでは「とりあえず安い家賃のところに住め」ということである。

## ●可処分所得をアップさせる最大のチャンス

せっせと節約に励む人ほど、住居費のような大きな出費に対しては、驚くほど鈍感だ。「ややこしいことは苦手」とか、最初から「どうしようもないもの」とあきらめて何の対策も講じない傾向があるといえないだろうか。

つまり、1円単位で切り詰めた生活をしている一方で、1万円単位で無駄なお金を垂れ流しているともいえるわけで、これこそが家計の三大疾病である〝住居費病〟の典型的な症状なのである。

家賃だろうが、住宅ローンだろうが、家計の健全化にとって大切なのは、「住居費を安く抑えること」である。〝体脂肪〟と同じく、家計に占める住居費の割合を減らすことで、カラダは見違えるように軽くなるもの。

本書では、住居費病の治療法をより具体的にレクチャーしていくつもりだが、そのノウハウを実践することで、家計の健康度は飛躍的に向上するはず。

「1万円増やすこと」と「1万円浮かすこと」は、結果的に自分のサイフに1万円残るという点でまったくイコールである。それでいて、「1万円浮かすこと」のほうは、投資のようなリスクは一切ないのだから、どちらがトクかは自明の理である。
もし、来月から月に2万円住居費が安くなったら、自分の生活がどれくらい楽しく変化するかをイメージしてみてほしい。

## ●究極のゴール「住居費をいまの半額にする」

前述した3つの行動原則を取ることによって、最終的に本書がめざす究極のゴールは「住居費をいまの半額にすること」である。

都市部で生活している人は「そんなこととても無理」と思われるかもしれないが、日本人が長年抱いてきた、「家賃は高いもの」「マイホームのローン負担は重いもの」という概念は、年々人口が増えて、経済成長が今後も永遠に続くことが前提条件のもとに成り立つ話であることを忘れている。

本格的な人口減少時代に突入して、かつてのような経済成長が望めなくなったなかで、住宅というものがどういう存在になるのかを考えてみれば、「住居費半額」もあながち荒唐《こうとう》無稽《むけい》な話ではないことがおわかりいただけると思う。

これから急速に進む不動産のトレンドをひと言で表現すれば、「住宅のコモディティ化」

である。

「コモディティ化」とは、「廉価で、ありふれた日用品になること」を意味する。いい例がクルマやコンピュータだろう。

かつてマイカーを購入することが豊かな暮らしの象徴のように感じられていた時代があった。クルマは、特別な輝きを放つ消費財としてもてはやされ、若者たちは可処分所得のほとんどをクルマにつぎ込んでいた。またコンピュータも、特別な人たちだけが操れる魔法のマシーンとして憧れられた時代を経て、個人でも高額なパーソナルコンピュータを所有できるようになった。

それがいまやクルマもパソコンも、だれもが容易に手に入れられ、それらを所有する喜びや社会的ステイタスよりも、純粋に使用して得られる利便性だけを追求する、ありふれた日用品になってしまっている。

ありとあらゆる消費財がコモディティ化していった日本において、唯一「コモディティ化」しなかったのが住宅だったのだが、中古住宅のストックも含めて、供給が需要を大きく上回るようになったなかで、いよいよ住宅がコモディティ化する時代がやってきた。

一方で、厳しいリストラや減収を経験してきた勤労者の意識も大きく変わりつつあり、

「所有する喜び」よりも、「使用するメリット」を重視するようになったのだ。

価格が安いうえ維持費も抑えられて、ゲタ代わりに使い倒せる軽自動車が国内販売で唯一伸びているのと同じ傾向が住宅の世界にも押し寄せるだろう。

リーズナブルで使い勝手がよいものが好まれ、廉価なものを自分のライフスタイルに合わせて上手に使いこなす人がすでに増え始めている。

価格が安くなれば、住宅ローンの返済額も劇的に低くなる。さらに、ローン完済後は、「住居費半額」どころか、「住居費ほぼゼロ」が実現するのである。

かくして、欧米人から「ウサギ小屋」とかつて揶揄《やゆ》された狭小住宅を建てることに生涯を捧げる日本人のマイホーム残酷物語は、ようやく終焉を迎えるのである。

その光景は、収穫の大半を地主にもっていかれていた「小作農」が、収穫をすべて自分の所得にできる「自作農」になった瞬間と同じと表現してもいいかもしれない。

格差問題や将来の年金不安は、住宅のコモディティ化による「住居費半額」がすべて解決してくれるに違いない。

第1章
# 家賃崩壊の真実

# ①人口減が引き起こす家賃崩壊

## ●こうして起きた家賃崩壊

家賃は、果たして本当に下がっているのだろうか。

興味深いデータをお見せしよう。

「東日本レインズ」で知られる（財）東日本不動産流通機構が四半期ごとに発表している「首都圏賃貸取引動向」によれば、東京23区内におけるマンションの平均賃料は、２００８年７～９月に12・３万円だったが、その後ズルズルと下がり始め、２０１３年１～３月には９・４万円になり、４年間で２・９万円も下がっている！

下落率に直すと、なんと約24％！

月２・９万円ということは、年間にして34・８万円。２年の更新単位で考えたら70万円

東京23区マンション平均賃料の推移

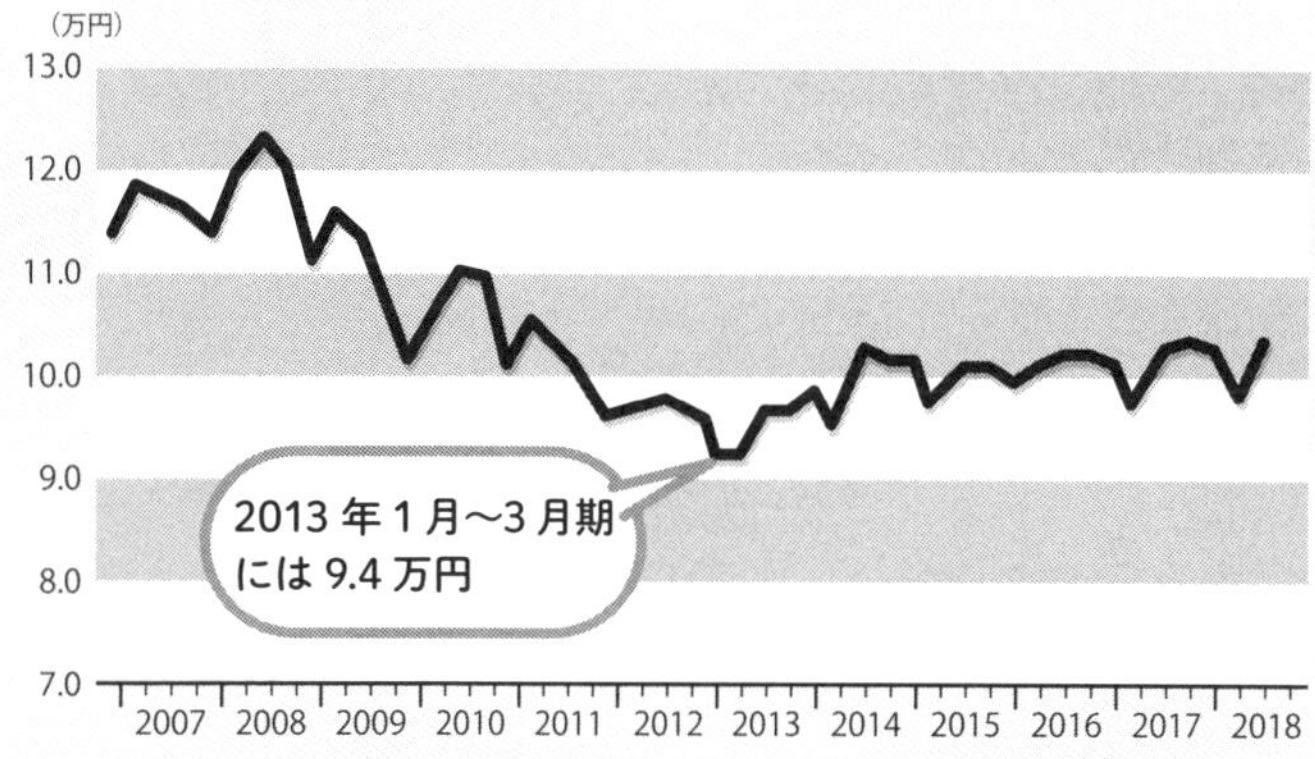


出典：(財) 東日本不動産流通機構・首都圏賃貸取引動向

もの差が出る計算である。

この間、建物面積の平均は、36・55平米から32・39平米へと、やや狭くなってはいるものの約3万円の賃料ダウンからしたら、その程度は、十分に許容範囲内だろう。

ただし、このデータは、あくまで調査対象期間における成約状況、つまり不動産屋で賃貸物件を新規に契約した人の平均データである。

したがって、この時期に、同じ物件にただ住み続けていただけの人は、当然これまでと同じ賃料を払い続けて、1円のメリットも得られなかったのは言うまでもない。

この新規募集家賃と、更新し続けているだけの家賃との差は決して小さくはない。この差額こそが、知識のない人が払わされている「無知税」なのである。

## ●リーマンショックと東日本大震災

平均賃料が約3万円もダウンしたこの時期に、いったい何があったのか。

賢明な読者はもうおわかりだろう。家賃が突然急降下を始めた2008年9月と言えば、リーマンショックが起きたときである。

アメリカのサブプライムローン（低所得者向け住宅ローン）問題に端を発した金融危機は、リーマンブラザーズの破綻をきっかけに、世界同時不況の嵐を巻き起こした。

余波は、たちまち日本経済にも波及。平均株価は、その年の9月から1カ月足らずで半値になる大暴落を起こしたのである。

その影響を真っ先に受けたのが製造業で働く非正規労働者だった。

製造業では「派遣切り」と呼ばれる契約の中途解除が続出。派遣切りにあった労働者が着の身着のままで寮を追い出される映像が連日のようにニュースで報じられ、年末には、東京・日比谷公園において年越し派遣村が開設される騒動にまで発展した事件は、まだ記憶に新しい。

非正規労働者の多くが賃貸で暮らしていたはずだから、その影響が小さいわけはないが、家賃は、景気の変動とは遅効性がある。減収となっても、すぐに引っ越し費用を捻出できない人が多いため、当初退去の動きは限定的だっただろう。

先行して起きたのは、法人ニーズだった。当時、外資系企業の日本からの撤退が相次いだことから、外国人居住者向けの高級物件から空きが出始め、次いで国内企業の事業所整理に伴って、寮や社宅として借り上げられていた賃貸物件の空室が増えた。それに続いて、一般の勤労者が動き始めたという構図である。

その後、日本経済がようやく立ち直り始めたと、だれもが感じるようになったときに起きたのが２０１１年3月11日の東日本大震災だったのである。

都内は、震災の直接的被害こそ少なかったものの、国からの節電要請を受けた事業所のなかには、営業時間や操業時間の大幅短縮を余儀なくされたところも少なくなく、そのことがサービス業や中小の製造業に勤務する労働者たちの給与を直撃した。

さらに、東京電力福島第一原子力発電所の放射能漏れ事故を不安に感じた外国人労働者たちが一斉に帰国したのも、賃貸業界に少なからぬ影響を与えたのも間違いないだろう。

たった3年の間に、「１００年に一度の経済危機」と「１０００年に一度の自然災害」

に相次いで襲われたのだから、賃貸住宅業界が被った被害は甚大である。

こうして、「絶対に下がらない」はずの家賃がズルズルと下がり始めたというのが、先述の4年間に3万円近くも家賃が下がったデータの背景にはあったわけだ。

かつてバブル崩壊のときには、地価下落とはほとんど連動しなかった家賃がリーマンショック以降は、少なからず連動しているようにみえる。

ちなみに、2013年以降は、日銀の異次元緩和によって都市部の不動産が高騰したことから、賃貸住宅の家賃もリーマンショック前の水準まで戻したと思っている人もいるかもしれないが、東京23区内でさえ、2018年4～6月における同じデータは、10・4万円と、ピーク時の85％までしか回復していない。

また、同じデータをみると、首都圏のなかでも、埼玉県などは2008年の8・1万円から、2013年6・9万円、2018年6・6万円と、回復するどころか、この10年、景気回復どこふく風で、ひたすら下げ続けているのが現実だ。

## ●「家賃保証」できなくなった住宅メーカー

法人相手の賃料コンサルタントを務める（社）テナントユニオンの来島康生代表理事

は、最近の賃貸住宅の異変について、こう話してくれる。

「首都圏郊外の交通の便があまり良くない場所では、賃貸経営は立ちいかなくなりつつあります。これまでは、賃貸専門の建設会社やハウスメーカーが、地主さん相手に家賃保証をして賃貸アパートをさかんに建てさせていましたが、ここへきて、そういう会社がもはや家賃保証をしなくなっているんです。営業マンが『うちは家賃保証できません。空く可能性は高いですけど、それでも建てますか？』と堂々と言ってますから。いくらなんでも、そんな営業はないだろうと、笑い話になるほどです」

「家賃保証」とは、どういうことなのか。少し解説しておこう。

都市近郊に土地を持つ地主たちが賃貸経営に乗り出すとき、これまではどちらかと言えば、投資よりも税金対策のほうに主眼がおかれていた。

第一に、借金をしてアパートを建てると、保有資産に対する課税評価額が低くなって、将来子どもたちが払う相続税が安くなる。また、賃貸事業と本業の損益を通算でき、結果的に納める所得税等も安くなるなどのメリットがあったからだ（それでいて、費用の大半が帳簿上の減価償却費なので、実際に現金はあまり出ていかない）。

土地をただ遊ばせておくだけでは固定資産税がかかるだけだが、そこに借金をしてでもアパートを建てれば、確実に収益を上げられるのである。

かくして「土地有効活用」の名の下に、地主たちは先を争うようにしてアパートを建てたわけだが、「もし空室が出たら借金を返済できなくなるのでは」という心配はいらなかった。

なぜならば、建設を請け負った会社が、建てたアパートを一括で借り上げて、「家賃保証」までしてくれたからだ（これをサブリース方式と呼ぶ）。

保証されたその賃料収入で借金のローンを払ってさえいければ、少なくとも税金対策にはなり、失敗するリスクは、ほぼゼロだった。そんなおいしい話に乗らないほうがおかしかったのかもしれない。

ところが、そのようなシステムが郊外では破綻をきたしつつあると来島氏は指摘する。

「アパートを建てる大手ハウスメーカーは、子会社に家賃保証会社を持っています。そういうところが地域によっては家賃保証しなくなっているんです。だって、最初から空くとわかっているところを、どうやって保証するんですか？

家賃保証するのは、駅から徒歩圏だけです。首都圏でいえば、京浜東北線で埼玉に入ると、もう西川口あたりのバス便の地域になると家賃保証はしなくなっています」

その傾向は、東京都内でも確実に進行していると言う。

「最近、悲惨だなぁと思ったのは、東京都下・府中のバス便地域です。駐車場がたくさんある地域をハウスメーカーが狙っているんですが、例によって、彼らは家賃保証しない。かといって、駐車場のままにしておいても、いま若者たちはクルマを持たなくなっていますから、なかなか埋まらない。アパートも建てられない、クルマもこない。だから手としては建売業者に売るしかないんです。新築の戸建てなら、バスで駅まで通ってもいいという人はまだいますから」

## ●賃貸オーナーの密かな期待

どうして、そんな事態になったのか。明らかに需要が供給を上回っているからなのだが、その原因は景気の落ち込みだけではないと来島氏は指摘する。

「リーマンショックのときは、非常にわかりやすかったんです。たとえば、東京・六本木の外国人が住むような家賃１５０万円の物件からどんどん空きました。そこで借主が『出るぞ』と言ったら、ボーンと下がった。大家としては下げざるをえない。でも、そういう状況はいつまでも続くわけではないですよね。いずれは落ち着くもの。いわば小さな波なんです。もっと大きな波がきていることに、みなさん、まだ気づいていないんですよ」

どんな危機も、永遠に続くわけではない。景気が底を打って、勤労者の所得が徐々にでも回復していけば、やがては家賃も上昇に転じるだろうと考えるかもしれない。

確かに、株価の推移を見てもわかるように、相場には大きく下げた後、必ず上昇する局面がやってくるものだ。

ことに2008年以降の家賃崩壊は、リーマンショックと3・11という特殊事情によって生み出された危機だけに、平常時に戻れば、リーマンショック以前と同じ水準に戻るはずと期待している賃貸オーナーもきっと少なくなかっただろう。

ところが、賃貸住宅には、そうした循環的な景気の動きとはリンクしない決定的な不安要素があった。

## ●人口減少で「平塚市」分の人が消えた…

それが人口の減少である。

総務省統計によれば、日本の人口は、2008年の1億2808万人をピークに、2009年からは減少に転じている（2005年から減少に転じたと言われていたが、その後

総人口の人口増減数の推移

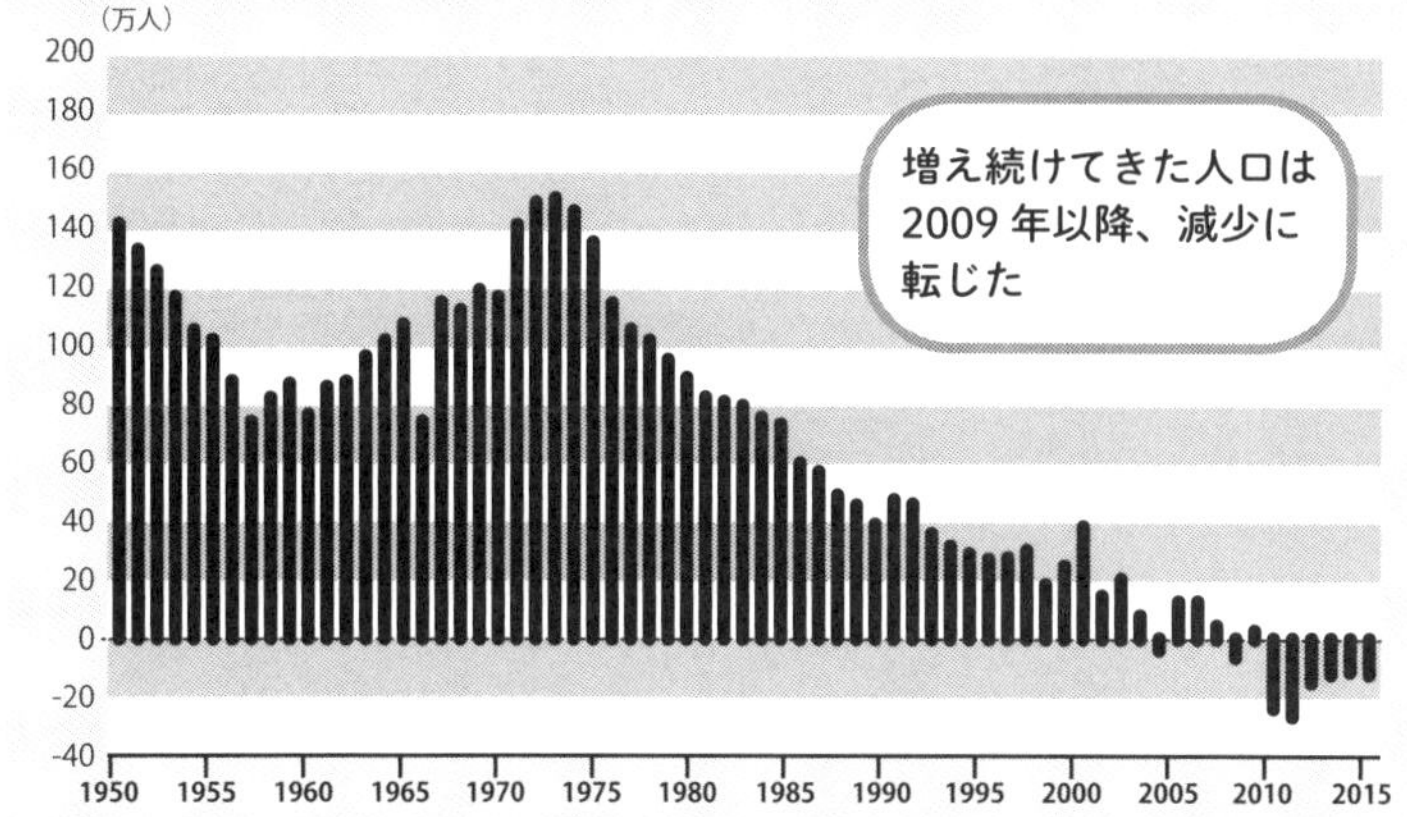

出典：総務省統計局・人口推計（平成29年10月1日現在）

２００８年まで増加し、再び２００９年以降は減少基調になった）。

２０１０年から２０１１年にかけては、１年間で約26万人も減少！　２０１１年以降も減少が続き、２０１７年は同じく約26万人減少と、その勢いはまったく衰えていない。

26万人といえば、神奈川県平塚市の人口とほぼ同じ。つまり、たった1年間で中規模都市のすべての住民が1人残らずゴッソリと日本列島から消滅したことになるわけだから、これはただごとではない。

人口流入が当たり前だった首都圏でも、大きな異変が起きている。

２０１１年における千葉県の人口が約７０００人減少していたことが判明。これは、１

920年に統計を取り始めて以来初めての出来事。千葉県では、2017年までは人口は増え続けるとの予測を立てていたが、それよりも7年も早く人口減の分水嶺がやってきたのである(2013年まで3年連続減少し、その後は微増)。

いまのところ、まだ人口は増え続けている埼玉や神奈川、東京でも、高齢化が急速に進んでいるため、千葉と同じ人口減に突入するのは、もはや時間の問題とみられている。

そもそも、日本の人口減は、一時的な人口移動の要素よりも、死亡者数から出生数を引いた自然減のほうがはるかに大きい。そのことを考えれば、人口減は一時的なものではなく、もはや日本社会が抱えている構造的な問題であるのは間違いない。

## ●2040年に空室率40%の衝撃

人口の減少が進む一方で、賃貸住宅の供給はといえば、新規着工件数こそ、ここ数年は大きく増えていない(2013年の37万戸に対して、2017年は41万戸)ものの、一度建築されたアパートやマンションは、10年や20年では取り壊されたりはせず、そのままストックとして残っていくわけだから、賃貸住宅の供給能力は、年々減ることなく積み上がっている状態である。

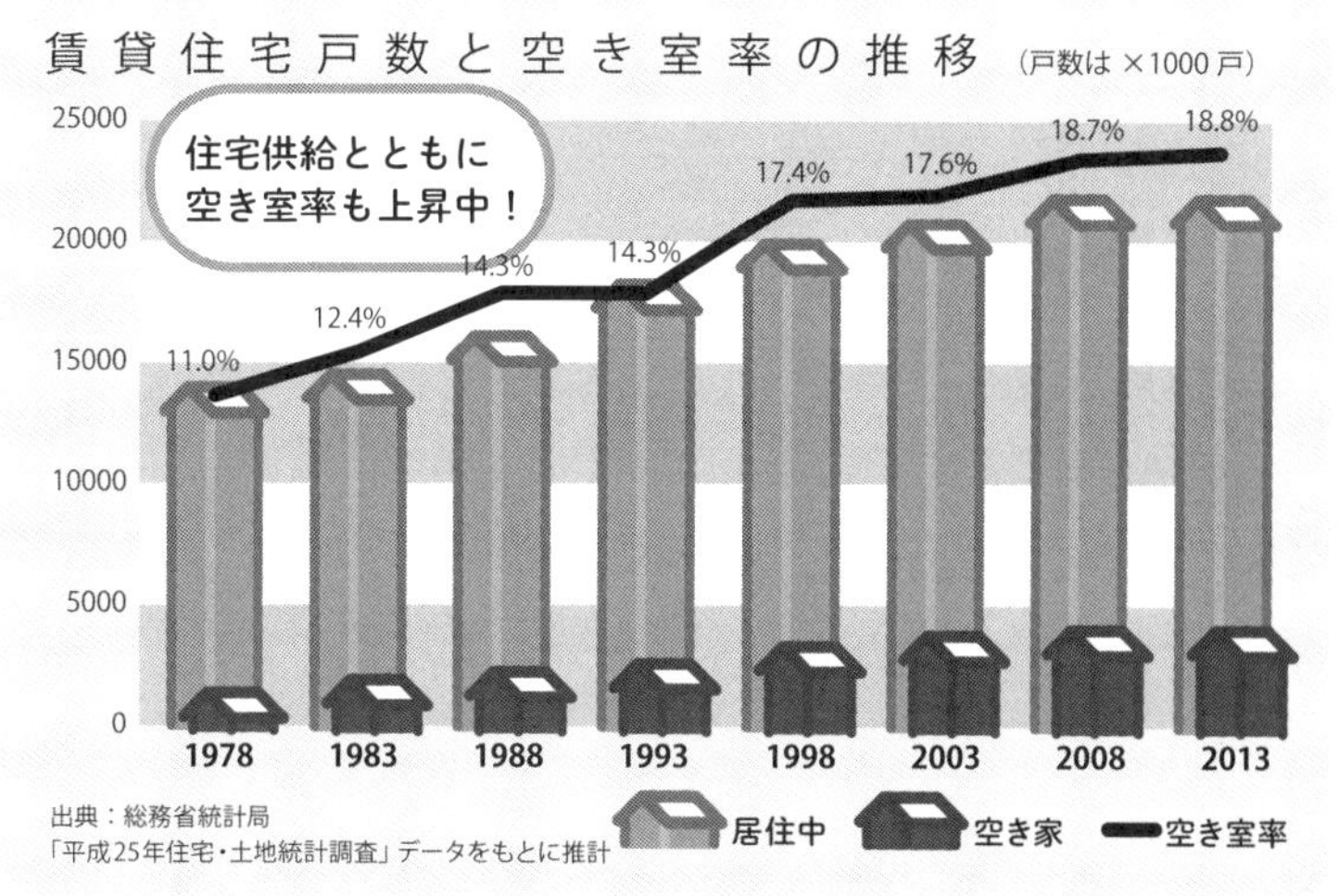

出典：総務省統計局
「平成25年住宅・土地統計調査」データをもとに推計

その結果、どういう現象が起きているのか。

２０１３年時点で、日本全国の賃貸住宅のストック数は約２２８１万件なのに対して、空室総数は４２９万件もある。率にすると、なんと18・8%にも！（平成25年住宅・土地統計調査によれば、持ち家も含む住宅総戸数に占める空き家全体の割合は13・5%だった）

野村総合研究所のレポート（『人口減社会の住宅・土地利用・社会資本　管理の問題とその解決に向けて』）によると、もし現行のストック（総住宅戸数）の純増が将来も続いたとしたら、２０４０年には空家率がなんと40%までハネ上がるというショッキングな試算データすらある。

また、同調査では、新規着工戸数を現状の

半分に抑制し、滅失戸数を現状維持と仮定した場合でも、空家率は30％を超えると予測されていて、事態はかなり深刻である。

## ●2015年から減少し始めた「世帯数」

このように、賃貸住宅の世界は、すでに〝売れ残り〟が倉庫のなかに山のように積み上げられている状態なのだから、多少景気が回復したからといって、家賃がそう簡単に上がるとは到底思えない。

短期的な視点でみれば、毎年春に人口移動が起きる季節的な動きがあったり、賃貸物件が少なく人気が集中するエリアなどでは、景気回復とともに家賃が上昇する局面も当然出てくるだろうが、中長期的な視点でみれば、下げ圧力がこれだけ強いなかで家賃は下がらざるをえないとみるべき。

しかも、人口減少の本番はまだこれからだ。

総人口の減少の一方で増加し続けていた世帯数が、2015年頃から減少し始めていて、それにより賃貸住宅ニーズがこれからは決定的に先細りすることが予想される。

実はリーマンショックと3・11の大震災は、単に引き金を引いただけで、〝家賃崩壊〟

という、ここ数年の現象は、社会構造を支える土台の柱がシロアリに食われたように脆弱化するという根本的な環境変化によって起こっていると考えるべきではないだろうか。

## ●新築なのに「家賃半年無料」のところも出てきた！

需要を無視するかのように次々と賃貸物件が建築され続けた結果、完全に需給バランスが崩れてきている地域が現れ始めている。景気の回復とともに次第に空室は埋まっていくだろうという期待とは裏腹に、人口減による市場の縮小がジワジワと押し寄せる一般の賃貸住宅の世界は、一部の人気エリアを除いて、賃料の下げ圧力は、そう簡単に弱まりそうにない。

競争は日に日に激化する一方。新築アパートを建てたオーナーは、近隣の古い物件と同じ水準に家賃を設定せざるをえない。早く満室にしたければ、入居後一定期間家賃を無料にするフリーレントをつけるのが一般的だ。

完成間近の新築アパートの建築現場に掲げられた「入居者募集中」の垂れ幕で、堂々と「フリーレント」をアピールするのも、めずらしくなくなってきた。

新築なのに家賃が一定期間無料（1～3カ月）となれば、賃貸物件を探している世帯は、自然と新築物件へと流れていく。それによって空室となった古い物件のほうも、客づけをするには新築物件よりも家賃を安く設定せざるをえない。さらに既存の物件のなかでも、個別に選別が行なわれるのは自明の理である。

築年数が古い、駅から遠い、向きが良くない、風呂トイレ一体型のユニットバスに代表される設備が時代遅れになったなど、条件が劣る物件へと雪崩を打つように空室の玉突きが起きていく。そうして、町中に空室のまま放置された古い賃貸住宅が増殖し続けるのである。

## ●大都市周辺の大家の〝泥仕合〟が始まる

興味深いのは、首都圏において、〝逆ドーナツ現象〟が起きていること。

かつて都市の人口急増とともに、都心を起点に周辺地域にベッドタウンが拡大していった〝ドーナツ現象〟とは、まったく正反対の現象である。

来島氏は、こんな話をしてくれる。

「具体的に言いますと、いま千葉県の柏にアパートを建てている大家さんは、我孫子の店子を取ろうとしています。でも、それって泥仕合なんです。なぜならば、今度は松戸の大家さんが柏の店子を取ろうとするから。もっと言えば、都内の大家さんが千葉の店子を狙っているかもしれないんです」

新築物件から始まった玉突き現象が古くて条件の良くない物件に波及していくのと同じように、今度は都市を囲むドーナツの外周から内側へとジワジワと玉突きが起こっているというわけだ。

持ち家と違って、気軽に転居できるのが賃貸のメリット。引っ越しを検討している世帯ならば、だれもが少しでも便利なところに越したいと思うだろうから、家賃が安くなれば、都心部への人の回帰は、自然な流れなのだろう。

## 家賃下げの心得

●２０１１年10～12月の東京23区内マンション平均賃料は、２００８年7～9月と比べて、２・２万円も下がっている。

●その後も家賃は下がり、２０１３年１～3月の23区内マンション平均賃料はついに10万円を切り、４年半で24％下落。

●家賃下落の背景には人口減少あり。年間25万人ペースで人が減り続け、現状の住宅供給が続くと、２０４０年には空き室率40％の試算も。

# ②携帯電話化した賃貸住宅
## ――ワンルームに見る家賃崩壊

### ●ワンルームはどこまで安くなっているか？

日本全国でいま起こっている家賃崩壊の状況がいちばんよくわかるのは、バブル以降大量に建てられたワンルームである。

では、具体的に、どの程度家賃は安くなっているのだろうか。

そこで、「Ｙａｈｏｏ！不動産」サイトで、全国主要都市別にワンルームの家賃の最低額を調べてみたところ、驚きの事実が次々とみえてきた。

結論から言えば、東京23区をのぞくすべての主要地方都市において、最低家賃は、1万円台に突入していることが判明！

「どうせ風呂なしの古いアパートでしょ」とか「駅からバス便のへんぴなところでしょ」

と思われるかもしれないため、そういう極端な事例を排除すべく、この調査では、以下のように標準的な条件を設定したうえで、最低額（管理費込みの月額賃料）を出した。

▼種別…マンション／設備…バストイレ付き／交通手段…最寄り駅まで徒歩15分以内／広さ…10平米以上の個室（シェアハウスはのぞく）

まず、主要都市で唯一、1万円台が一件もヒットしなかったのが東京23区内（家賃1万円台も存在はするが、管理費込みの月額費用は2万円台になる）。

最安は、「世田谷区経堂2・35万円」。狭小の古家が立ち並ぶ下町かと思ったら、閑静な住宅地の世田谷なのに驚く。築33年の4階建RC（鉄筋コンクリート構造）だが、専有面積は、14平米（7畳）で駅までは徒歩5分。「定期借家」という特殊な契約形態（原則更新なしだが、双方合意した場合のみ更新可能）を取ることで破格値を実現しているようだ。

さすがに東京23区内には、2万円台にしても物件数は極端に少ないが、3万円台になると選択肢はやや広がってくるという感じである。ちなみに、上記の条件を外して、風呂なしアパートなら、東京23区内にも、1万円台ワンルームは数多くヒットする。

次に、大阪市をみてみると、東京23区内とは、まるで様相が異なってくる。

## ワンルームはここまで安くなった！

東京23区でも、じっくりと探せば
家賃2万円台の物件もみかけるようになった。

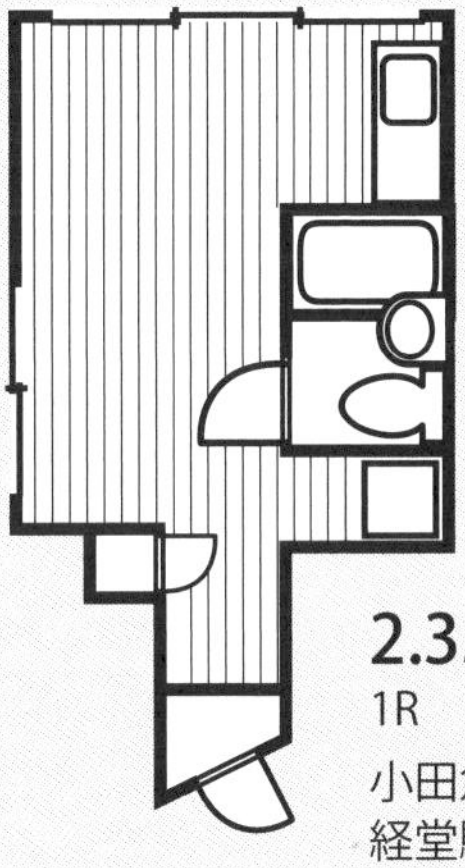

**2.35万円**
1R　14.05㎡
小田急小田原線
経堂駅5分
※「定期借家」のため、
家賃が激安に設定されている。

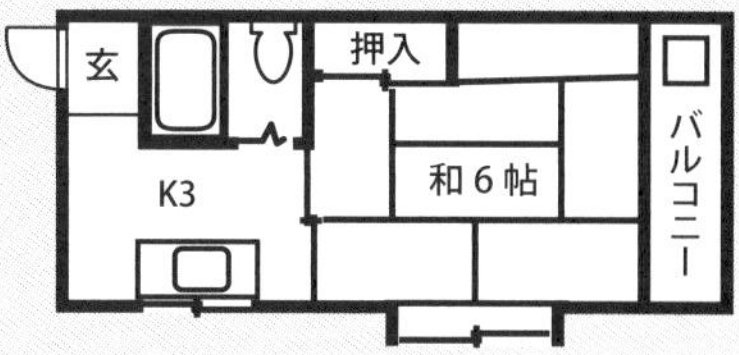


**2.5万円**
1R　22.68㎡
常磐緩行線
金町駅8分

## 日本一家賃の安い都市はココ！

**1.5万円**
1R　22.17㎡
札幌
市営地下鉄南北線
平岸駅13分

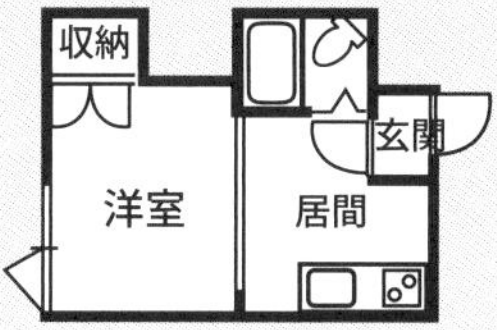


**1.5万円**
1DK　22.36㎡
札幌
市営地下鉄南北線
平岸駅3分

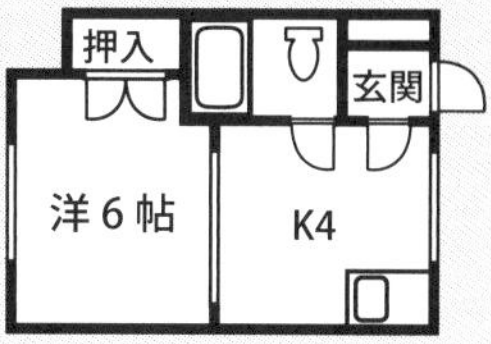


**1.5万円**
1DK　23.15㎡
札幌
市営地下鉄南北線
平岸駅5分

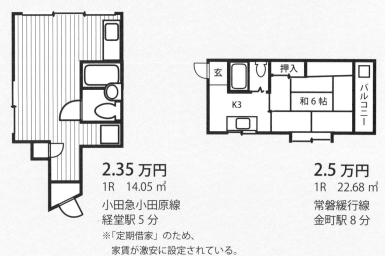

最安は「阿倍野区昭和町1・0万円」。駅徒歩3分の物件がたったの1万円というのは、6階建てだからエレベーターがないのかと思ったら、ちゃんとそれもついている。築29年の古い小さなマンションだが、エアコンにモニター付きインターホンがあり、オートロックというから、ますます家賃1万円とは信じられない。

大阪市の場合、検索結果リストには、1万円台の物件が延々と数十件も出る。

一つの物件を複数の不動産屋が掲載している（同じ建物の3部屋を27社の不動産屋が掲載）ため、実際に1万円台の物件は、検索結果の数分の一しかないのだが、2万円台まで上げれば、ワガママな希望条件を入れても十分に選択できる状況である。

## ●1万円台物件が豊富な札幌

三大都市の一角を担う名古屋市はどうだろうか。大阪ほどの爆安さはないが、1万円台のワンルームは、数件ヒット。最安は、「天白区八事山1・85万円」。広さは14平米（約7畳）で駅徒歩7分だから、これまた1万円台とは到底思えない。

西へ飛んで、九州・福岡市にいくと、1万円台物件は、30件近くヒット。最安は「南区那の川1・5万円」で、10階建てマンション4階の1DK（洋室7畳、DK4・5畳）。駅徒歩8分でも、築39年と古いだけにワンルームよりも安く家賃を設定せざるをえないということなのだろうか。そのほか、広島市や岡山市でも、1万円台の物件は、苦もなく見つかる。いずれも最安は、なんと1・0万円で、このままの調子で下落が続けば、そのうち数千円台に突入しそうな勢いである。

なんといっても、1万円台物件がダントツに豊富なのは、北海道・札幌市である。札幌市の場合、上限を2万円に設定して検索した場合、200件近くヒットして、とても見切れない状態である。

最安は、「豊平区平岸三条1・25万円」。最寄り駅までは徒歩1分と、ほかの都市に比べて抜群に近い。鉄骨4階建3階の8畳は、バストイレ別のうえクローゼットもついている。札幌では、1万円台物件のなかでも、激しい競争が起きていることがよくわかる。

【注記】2018年9月に再度、同条件で検索してみたところ、5年前と状況は大きく変わっていなかったため、改訂にあたっては、2013年当時の情報を活かした。

## ●礼金は消滅していく運命

全国主要都市における賃貸住宅の家賃をチェックしてみて気づくのが、つい数年前までは当たり前のように取られていた礼金の存在が消えつつあることだ。

今回調査対象とした東京23区をのぞいた全国どの都市においても、最安家賃のゾーンの礼金・敷金の欄は、「0円」がズラリと並ぶ。

たまに、「2万円」と記されていたとしても、礼金はなしで敷金のみというケースが多く、少なくとも激安ワンルームの世界においては、礼金はほとんど絶滅しかかっていると言っていいだろう。

退去時に戻ってくる敷金については、礼金と同じくワンルームの激安ゾーンのみ「なし」が多いが、家賃が上がるにつれて、少しずつ取るところが増えていき、ファミリー向けの2DK以上で、多少条件が良くなると、1～2カ月分としている物件が目立つようになってくる。ただし、物件間の競争が激しい地域・ゾーンでは、ファミリー向けでも礼金・敷金なしも探せば見つかる。

これも全国的な傾向で、かつて「敷礼合わせて10カ月が常識」と言われていた関西地方ですら、激安ワンルーム物件ではまったく取らないところが圧倒的に多いのが実情だ。

首都圏でも、礼金・敷金ともにゼロのうえ、なかには不動産屋の仲介手数料さえ値引きするところもあるのだから、「敷2、礼2、手数料1の5カ月分」が常識だった時代からすれば、まさに隔世の感がある。

## ●東京と地方の家賃に差がない奇妙な現象

賃貸住宅の家賃をあちこち見ていくと、「東京は家賃は高くて、地方は安い」というようなステロタイプなものさしが、通用しなくなっていることがわかる。

どういうことかというと、たとえば東京・杉並に1K（洋室7畳・K2畳）で家賃3・3万円の激安物件が見つかったとする。

かつての常識では、「地方は安い」だったが、いまは、そんな常識が通用するとは限らない。たとえば、山梨県富士吉田市で、それと同じ条件の物件を探すと、家賃は3・6万円で、東京・杉並よりも高かったりするからだ。

どうしてそうなるのか。それは競争が起きているかどうかの違いである。

「Yahoo！不動産賃貸」サイトに登録されている物件数でみると、東京都杉並区には1万9000件を超える物件が登録されているのに対して、山梨県富士吉田市は、たったの246件しか登録されていない。

つまり、物件間で競争が激しいエリアほど家賃の下げ圧力は強まるのに対して、賃貸住宅の物件数が少なく、まだ供給過剰に陥っていないエリアでは、たいして競争が起きておらず、リーマンショック前と変わらない家賃のまま推移してきているとみることができる。また、ワンルームがいくら多くても、ファミリー向けの物件が極端に少ないエリアで、子育て世帯が物件を探そうとすると、思ったほど家賃が安くなっていないケースもある。

要するに、すべての価格は、需要と供給によってのみ決まるということである。

利便性が高く、賃金も高い都市部だから家賃も高くなるわけではない。都心部であっても、需要をはるかに上回る供給があれば、入居者を早く獲得したい大家さんたちの間で、激しい値下げ競争が巻き起こり、自然と家賃は下がっていくのである。

逆に、需要を十分に満たすだけの物件がないエリアだと、あまり競争が起こらないために家賃も下がらない。その結果、ときどき東京と地方の家賃にあまり差がないという奇妙な現象が起きてしまうわけだ。

## ●立場が逆転しつつある大家と店子

入居時にかかる費用の条件についても、競争の激化が借主に有利に働いていると言える。かつて賃貸住宅が不足していた貸手市場の時代は、通常の商習慣ではありえない非常識な行為がまかりとおっていた。

その最たるものが礼金で、客の借主が正規料金とは別に、貸主にお礼のお金を払うなどという行為が当たり前のように行なわれていた。

客からすれば「そんなものは払いたくない」と言えば、部屋を貸してくれないのだから、不利な条件でも飲まざるをえなかった。

また、次の借主に貸すためのリフォーム費用を、そっくり退去する人の敷金から差し引くなどという行為も普通に行なわれていて、アパートを退去後に敷金が1円も返ってこないどころか、追加の修繕費用を請求されるトラブルも続出していた。

そのほか、固定資産税や管理費、修繕積立金などの費用を、さまざまな名目をつけて客に転嫁する、賃貸業界はまさに「やりたい放題」な状況だったと言ってもよい。

しかし、需要が減る一方で供給が増えたおかげで、大家と店子の立場は逆転しつつある。

月々の家賃を少し高くしてでも「礼金ゼロ」をアピールする物件が出始め、礼金なしがめずらしくなくなると、今度は家賃を安くしたうえでさらに礼金なしと、どんどん競争はエスカレートしていく。

敷金についても、戻ってこない可能性がある以上、それが高く設定された物件は嫌われるため、早く入居させたければ、こちらも安く設定するしかない。

行政がトラブル防止のための敷金のガイドラインを出して、普通に生活していて汚れたり消耗する部分については請求されないルールがスンナリと全国的に広まっていったのも、競争激化のおかげだろう。

## ●賃貸住宅に関する常識はことごとく破壊された!

以上、見てきたように、「家賃が下がるわけない」「激安物件はボロアパートしかない」「どうせ高い敷金や礼金が取られる」「新築物件は高い」といった賃貸住宅に関する常識は、リーマンショック後に、ことごとく破壊されたと言ってもよいだろう。

いま起きていて、これから本格化するのは、大家さん同士で新規顧客を奪い合う「賃貸住宅の携帯電話化」である。

少し油断して継続しただけで、ソンな料金プランになってしまうのと同じく、黙って長く住み続ける人ほど大損をする時代に突入したのである。

では、どうすればよいのか。次章以降からは、そのための知識とノウハウをじっくりと解説することにしよう。

## 家賃下げの心得

●東京をのぞく主要都市では、ワンルーム（バス・トイレ付）の家賃の最低価格は1万円台に突入。

●大阪市、名古屋市、福岡市、札幌市でも、ワンルーム1万円台物件は容易に見つけられる。特に札幌市では1万円台物件であふれかえっている。

●ワンルームにおいて、全国的に「礼金」は姿を消し、敷金なしも増えてきている。

●「家賃は下がらない」「敷金礼金を取られる」「新築物件は高い」といった不動産の常識はことごとく崩壊。

第2章

# いまより2万円安い物件の探し方

# ①値下げ交渉の前の準備と心構え

## ●あなただけ「1杯500円の牛丼」食べてませんか?

「月々のローン返済やクレジットの支払いがキツイ」とはよく聞くが、「家賃が高くて生活が苦しい」という愚痴は、なぜかあまり聞かない。

月収の3分の1もの出費を強いられている家賃だけは、みなさん「高くても仕方ない」とハナからあきらめてしまっているのだろうか。

しかし、前章で見てきたように、リーマンショック以降、賃貸住宅における新規募集の家賃はズルズルと下がり続けている。なのに、ただ黙って住み続けている人は、激安全盛時代に自分ひとり「一杯500円の牛丼」を食べさせられているようなものである。

勤労者の賃金が下がっていくデフレ経済下において、家賃が高いまま固定されているとしたら、確実に生活は苦しくなる一方のはず。

では、どうすればそのピンチを脱することができるか。

取るべき方法は、二つある。引っ越さずに家賃を下げてもらうか、いまよりも安い部屋に引っ越すか、である。

いずれにしろ、引っ越しを前提とした行動を取らないといけない。

家賃値下げ交渉については、次章で詳しく解説するのでそちらを読んでいただくとして、本章では、いまよりも確実に住居費が安くなる物件の探し方を見ていくことにしよう。

## ●評価の基準をはっきりさせる

生活コストのカットは、「比較する」という行動原則によってのみ実現可能である。すなわち、一種類の商品だけをみて決めるのではなく、AとB、あるいはC、Dと、対象分野における複数候補を比較して、そのなかからいちばん有利なものを選択することで初めてコストは下がるのである。

一社に工事を依頼して値引きをお願いするよりも、数社に見積もりを出してもらって比較検討したほうが、事業者間の競争原理が働いて、費用は安く済むのと同じ理屈だ。

ところが、不動産の話となると、この「比較する」のが、ことのほか難しくなる。「部屋は新しくてきれいだけど、間取りがいまいち」とか「家賃は安いけれど、駅から遠い」といったふうに、いろいろな要素が複雑にからみあってくるため、比較しても単純に「こっちが有利」とは判定しにくいからだ。

そこで、はっきりさせておきたいのが、評価の基準である。

「とにかく住居費を安くしたい」場合は、ズバリいま住んでいる部屋が絶対的な基準となるわけだから、その条件をまずは整理して書き出しておくのが先決だ。

○○線沿線（○○県○○市）／○○駅徒歩8分／マンション／2LDK（48平米）／3階／南西向き／管理人常駐／家賃8万円（管理費3000円）／敷2礼1

……といったふうに書き出しておくと、引っ越し先を探すときには、候補の物件同士を比較するのではなく、常に、いま住んでいる部屋の条件との比較だけで点数を出しやすい。めざすは、いまと同等もしくはそれ以上の条件でありながらも、家賃などの費用が確実に安くなる物件である。

5年以上同じ家賃で住み続けている人ならば、いまと同じ家賃で、築年数が新しくなった広い部屋で、なおかつより駅に近いところに住めるだろう。

## ●必ず損する「急ぐ人」

たくさんの選択肢のなかから比較したほうが、より安くなるのはわかっていても、それができないこともある。ソンをする行動パターンの最たるものが「急ぐ」ことである。

時間をかけてじっくり、あちこち見てから決めれば、より有利な選択ができるのに、選択期限のデッドラインが迫ってから慌てて行動すると、ソンな選択肢に飛びつかざるをえなくなる。

部屋探しでいえば、「もうすぐ更新期限がくるので、急いで次を見つけたい」ようなときには、トクな選択をするのは、かなり難しいだろう。世間の引っ越しシーズン（１〜３月）に重なりでもしたら、短期間で安い物件にありつくのはなおさら困難である。

たまの休みに、一日がかりで不動産屋を回ってみても、比較できるのは、営業マンが案内してくれるいくつかの物件のみ。出掛ける前に、さんざんネットで検索した激安物件は、駅前の不動産屋では、なぜか案内してくれない。午後から探し始めたりすると、日が傾いてきたころには、「このへんで決めるしかない」と焦りの気持ちが次第に募ってくる。

たいして比較をしていないのだから、これでは有利な選択ができるわけがない。

いちばん有利なのは、「いつでも、いいところがあったら決めたい」というスタンスで、より長期にわかって情報収集を続けていくことである。「いいところがなければ選択しない」でいい、つまりいまの部屋に住み続ければいい。

優柔不断でなかなか決められず、ダラダラ探し続ける恐れはあるものの、焦ってソンな選択を強いられるリスクは、ほぼゼロ。

そうして時間をかけているうちに、引っ越しシーズンは終わり、埋まらなかった部屋の家賃は徐々に下がっていく。大家さんとすれば、選択してもらわなければ〝在庫〟を抱えたままで1円にもならないのだから下げざるをえない。賃貸物件も家電製品と同じである。

待ちの姿勢を持てるかどうかで、立場は大きく変わってくる。「いますぐに決めないといけない」切羽詰まった人には、価格を安くする必要はないからだ。

したがって、引っ越しを決断してから情報を集めるのではなく、ふだんから常に家賃動向をチェックしておき、もしチャンスがあれば、いつでも動けるように、心の準備だけはしておくことが大切である。

## ●いま住んでいる物件の家賃を調べる

引っ越しを考え始めたら、真っ先に、いま住んでいる物件の家賃を調べよう。

「自分ちの家賃くらいわかっているよ」と思われるかもしれないが、知りたいのはあなたが払っている家賃ではない。同じアパート・マンションのほかの部屋の家賃だ。

向きや階数によって、多少は違ったとしても、どうせ同じ建物なんだから、家賃も大差ないはず、などと思っていたら、同じ間取りの隣の部屋が5000円以上も安かったなんてことも、いまやちっともめずらしくない。たかが月5000円でも、年間に直すと6万円。それだけソンしていることになるのである。

入居時期によって家賃は異なるものであり、最近入居してきたばかりの人は、5年前から住んでいる人と比べると、1万円単位で家賃が改定されている可能性も十分にある。

では、ほかの部屋の家賃は、どうやって調べればよいのか。

活用したいのが賃貸住宅専門の検索サイト（以下、賃貸サイト）である。

## ●近隣の家賃相場をつかもう

賃貸サイトの物件検索ページに、住みたい地域（または沿線）を指定したうえで、希望条件を入力して検索をクリックすれば、その条件に合った物件が一瞬にして出てくる。

そうして出た検索結果の一覧を、シンプルに家賃の安い順番に並べてみるのがコツ（「並び替え」→「家賃の安い順」をクリック）。

あなたがいま住んでいるアパート・マンションの空き部屋の募集情報も、その要領で検索すると、意外にあっさりと見つけられるだろう。

「Ｙａｈｏｏ！不動産」のように、個々の物件情報に「同じ建物のほかの部屋」という項目がページの最後のほうに掲載されているサイトもあり、そこを見れば、どこの部屋が空いていて、家賃がいくらなのかまでわかるから超便利。

たとえ、自分が住んでいる物件は出ていなくても、同じ地域・条件の物件の家賃がズラリと並んでいる、その検索結果リストをじっくり見ていけば、近隣の家賃相場はどれくらいかは、手にとるようにつかめるはずだ。

もし、隣の部屋や近隣の同条件のほうが家賃が安かったら、そのデータをもとに、次章で詳しく紹介する家賃値下げ交渉を大家さんとするべき。

そして、その交渉が決裂したときのために、近隣でいまよりも安い家賃の部屋にあたりをつけておく必要があるというわけだ。

## ●隣の部屋へ引っ越してみたら？

隣の部屋の家賃が、５０００円も安いことがわかったら、もちろんそれを交渉の材料にして、大家さんに家賃の値下げを求めるべきだが、交渉がめんどうなら、思い切って隣に引っ越してしまうのもひとつの方法だろう。

１階に住んでいる人は３階へ、３階以上の人はさらに上層階へ、西向きや東向きに住んでいる人は、日当たりの良い南向きの部屋へ、１ＬＤＫから２ＤＫへ、真ん中の部屋から角部屋へなど、もし家賃が同じか安くなるなら、同じ建物内でより条件のいい部屋へ移ればいい。

同じ建物だけにこだわることはない。ほかの部屋のほうが安いのなら、近隣でも安い物件はいくらでも見つかるだろうから、条件のいいところへ引っ越さない手はない。

さらにいえば、ほかの街に引っ越すのも悪くないかもしれない。

本当は、ターミナル駅近くで探したかったが、そこは家賃が高かったために、仕方なくターミナル駅から快速で20分の駅にしたとか、急行停車駅が高かったので、仕方なく各駅停車駅にしたといった人が多いはず。

都市部の私鉄沿線の街は、そういった「仕方なく選んだ人たち」によって、どんどんと外側のドーナツへと広がっていったわけだが、家賃崩壊時代には、都市部でそれとまったく正反対の現象が起きていることを思い出してほしい。

「××は高い」は、あなたが引っ越したときの常識にすぎない。改めて調べてみたら、かつて住みたいと思っていた駅の物件が驚くほど安い家賃で出ているかもしれない。

いままでは電車で1時間かけて通勤していたが、通勤時間がその半分になる駅の賃貸物件がいまと同じ家賃だったら、それこそ引っ越ししないほうが大損である。

## ●いまの部屋に住み続ける理由はありますか？

引っ越すとなると、敷金や礼金、仲介手数料など結構な費用がかかってしまうので、少し家賃が安くなるくらいではとてもモトが取れない――。

つい最近までは、そう考える人が圧倒的に多かった。そのため、ほかが安くても、貯金のない人は、いまのままの高い家賃で我慢するしかなかった。これが、一般向けのアパート・マンションが商業ビルのオフィスのテナント賃料のように世の中の景気動向と連動して動かなかった大きな原因のひとつなのだろう。

ところが、ここへきて、状況は大きく変わりつつある。激安ワンルームなど、競争の激しいゾーンでは、礼金なしが当たり前になりつつあるうえ、敷金すら取らない物件が急激に増えている。

引っ越しにかかる費用が劇的に安くなれば、「引っ越す費用が出せないので、高い家賃のまま我慢するしかない」なんて考える必要は一切なくなる。

敷金くらいはかかったとしても、いま住んでいる部屋を退去するときに、半額程度は返ってくるだろうから、引っ越し先で新たに1カ月分払った場合、トータルで半月分の負担。仲介手数料も半額にしてくれる不動産屋が増えている。ちなみに、もともと仲介手数料は、最高1カ月分を大家と店子で折半する決まりになっているから「半月分」にしたからといって決して安いわけではない。

それはともかく、結果として、戻ってこない半月分の敷金プラス仲介手数料半月分の1カ月分に、引っ越しの運送代の負担で済むとしたら、その程度の負担は、フリーレント付きで、たちまちゼロになる計算だ。要するに、引っ越すことによって新たに負担が生じるかどうかは、引っ越し先物件の条件次第なのである。

それでもなお、あなたはいまの部屋に住み続ける理由はあるだろうか？

## 家賃下げの心得

●生活コストをカットする秘訣は「ひたすら比較すること」。同じアパート・マンションのほかの部屋と近隣の家賃相場を調べることが第一歩。

●賃貸住宅専門の検索サイトは使い方次第で強い味方になってくれる。

●家賃交渉が面倒なら、思い切って近隣に引っ越してしまう手も。

# ②知ってそうで知らないネット活用法

## ●必須ツール「ネット」の賢い使い方

いまや部屋探しの必須ツールと言えるのが、パソコンやスマートフォンから24時間いつでも賃貸アパート・マンションを検索できる賃貸サイトである。

知っていそうで知らないその活用方法について、解説しておこう。

賃貸サイトには、大手不動産会社が独自に運営している企業型、中小不動産業者がメンバーになっている協会（または不動産情報流通会社）が運営している協会型、さらには、主だった大手不動産会社のデータに加えて、協会提供の物件データまでひっくるめて一手に検索できるポータル型に大別できる。

情報量の豊富さと使い勝手で言えば、やはりポータル型に軍配が上がるだろう。

「スマイティ」「ＳＵＵＭＯ」「ＨＯＭＥ'Ｓ」「Ｙａｈｏｏ！不動産」がその代表で、いずれのサイトも、１００万件以上もの膨大なデータから、細かい条件を指定して、自分の希望により近い物件を探せる機能は文句なし。

実際に検索してみると、ポータル型なら、どれを使っても検索結果はたいして変わらないが、使い勝手は微妙に異なる。ひと通り使ってみて、自分の好みで、いつも使うサイトを選べばいいだろう。

企業型についても、流通物件を広く扱っているため、特に不便はない。自社管理の物件については、ポータル型などよりも、情報の鮮度が高いのが売りだ。

もうひとつの協会型のほうは、ポータル型に比べて登録物件数が少ないのが弱点だが、逆にポータル型にはない、「元付け物件」が豊富にあるのが強み。

「元付け物件」とは、オーナーから直接、募集業務を依頼された宅建業者が出している物件のこと。これを扱う会社を「元付け業者」と呼んでいて、元付け業者がその物件については、いちばん詳しいのだから、ほかの業者に仲介してもらうよりも話が早い。

つまり、協会型は、ポータル型にはない情報の信頼性の高さを売りにしているわけだ。

「アットホーム」のように、元はプロ専用のデータベースだったのが、一般消費者向け

## 使える賃貸サイトリスト

### Yahoo! 不動産賃貸
http://rent.realestate.yahoo.co.jp/

主な大手不動産会社のデータのほか、各協会加盟の物件を一挙に検索できる。ヤフーのID を持っていれば、特別な手続きなしで、お気に入り登録や一括問い合わせなどの機能を使うことができる。

ポータル型

### HOME'S 賃貸
http://www.homes.co.jp/chintai/

常時 300 万件を超える膨大な物件データから、簡単操作で検索でき、写真も見やすい。

ポータル型

### SUUMO 賃貸
http://suumo.jp/

リクルートが運営する巨大サイト。マイリストで、賃貸と、売買のマンション、一戸建て（新築・中古）を一覧形式で保存できるのが便利。

ポータル型

### スマイティ賃貸
http://sumaity.com/

登録なしでも、前回検索した条件が記憶されるため、ワンクリックで検索可能。このサイトを利用して入居が決まったら全員に現金プレゼントの特典付。

ポータル型

### アットホーム賃貸
http://www.athome.co.jp/

不動産流通最大手が運営するサイト。地域密着の不動産会社が出している物件が数多く登録されている。

協会型

### 不動産ジャパン
http://www.fudousan.or.jp/

4 つの不動産関連協会が合同で運営するサイト。このいずれにか全国の 9 割の不動産会社が加盟しているため、元付け業者を探すのに便利。

協会型

### ハトさん
http://hatosan.jp/

約 1 万 5500 社が加盟する東京不動産協会が運営するサイト。都内で元付け業者を探すときに役立つ。

協会型

### いい部屋ネット
http://www.eheya.net/

大東建託とハウスコムの物件を中心に、ほかの不動産会社も幅広く参加しているサイト。

企業型

### ホームメイト
http://www.homemate.co.jp/

東建コーポレーションが運営するサイト。賃料 1 ヵ月無料、手数料無料または割引、礼金なしなど、費用のこだわり条件でも検索できる。

企業型

### レオパレス 21
http://www.leopalace21.com/

「家具家電付」「礼金ゼロ」「仲介手数料不要」などの条件で、全国のレオパレス物件を検索できる。

企業型

にネットで広く情報を公開するようになったサイトは、協会型の代表格である。

## ●賃貸サイトを使いこなすいくつかのコツ

賃貸サイトはうまく使いこなさないと、ただ膨大な数の物件情報に振り回されるだけで、「どこも帯に短し、襷《たすき》に長しだった」で終わってしまいかねない。

そうならないための、活用のコツを見ていこう。

### ❶絞り込みすぎない

賃貸サイトのなかには、賃料、間取り、広さ、駅からの徒歩時間などの基本条件とは別にこだわり条件まで細かく入力して検索できるところもある。

「バス、トイレ別」「フローリング」「オートロック」といった比較的ニーズのある条件のほか、「シャンプードレッサー」「カウンターキッチン」「コンビニまで3分以内」といったワガママな条件も入れて検索できるのを売りにしている。

そういうサイトを使っていると、つい条件をたくさん入れて、〝理想の部屋〟を探したくなるものだが、そうすると家賃が高くなるだけ。絞り込みすぎる分、掘り出し物に巡り合える確率は低くなるばかり。

したがって、最初は、地域（または沿線）と同居する家族の人数に応じた広さ（または間取り）以外の条件はできるだけ入れずに検索するのがコツ。こだわり条件は、新着情報だけに絞り込んだり、一定期間家賃が無料になる「フリーレント」物件だけ探したいときなど、ピンポイントで使うのが得策だ。

## ❷検索条件は登録しておく

検索するたびに、いちいち基本条件から入力するのはめんどうなもの。毎回、検索条件が違っていたりすると、出てくる物件の顔触れも毎回違ってきて、いつまでたっても、「この条件なら、いくら」という相場観が身につかない。

そこで、活用したいのが「マイリスト」機能。「ＳＵＵＭＯ」などのポータル型のサイトでは、一度使用した検索条件を自分専用ページに登録しておくことができ、次回に検索するときには、登録した検索条件を選択するだけで一発検索できる。

マイリスト機能を使うには、あらかじめ会員登録するのが基本だが、事前登録一切なしでも、よく使う検索条件を保存しておけたり、「前回使用した検索条件」を自動表示してくれるサイトもあるので、個人情報を入力したくない人は、その手のサイトを利用すればノープロブレム。

### ❸新着データだけ見ていく

検索するたびに、すべての検索結果を見ていくのは、結構な時間と労力がかかるもの。ひとつの検索条件につき一度検索結果を詳しくチェックしたら、次回からは、前回見た分はすべて省略して、新着データのみチェックするようにすれば、手間は大幅にカットできるはず。

新着データを絞り込むときに、威力を発揮するのが「こだわり検索条件」。巨大ポータルサイトとして有名なスマイティを例に取ると、「こだわり検索条件」の末尾に「本日公開」「5日以内に公開」「1週間以内に公開」の3つのなかから選択できる。週に一度見る人は、「1週間以内に公開」を、毎日見る人は「本日公開」を入れて検索すればOK。

希望条件で検索するのとは別に、地元の新着情報を丹念に見ていくのが、掘り出しモノ物件にありつくコツである。

## ❹ポータル型と協会型を使い分ける

ひとつ気にいった賃貸サイトがあると、そこだけで常に検索しがちだが、できれば複数の賃貸サイトを目的に合わせて使い分けたい。

たとえば、登録物件数が膨大なポータル型を使っていると、ひとつの部屋を10社以上もの不動産会社が群がるように掲載していることがあり、どこの業者に連絡したらいいのかわからない。

そんなときは、協会型も併用してみよう。

協会型サイトは、地場で長年にわたって営業してきた老舗不動産屋のデータが多いのが特徴。ポータル型に掲載されていたのと同じ物件が、協会型にも掲載されていた場合、協会型に出している不動産屋が大家から直接カギを預かっている元付け業者である可能性大。

また、お宝物件を見つけたら、それを掲載している不動産会社のサイトにもアクセスして、どんな会社なのか調べてみるのも鉄則。信頼できる不動産会社を選ぶことも、いい物件に巡り合う秘訣かもしれない。

## ●営業マンはあなたの利益に忠実ではない

街の不動産屋の店頭に表示される物件の家賃と、賃貸サイトで検索して見つけた物件の家賃には、大きな開きがあると感じたことはないだろうか。

賃貸サイトで検索したら、ワンルーム3万円台礼金なしの物件も豊富にあったのに、いざ店頭に行ってみると、最安でも5万円台礼金あり物件しかなかったなんて経験はないだろうか。

店頭には、自分で検索するときのような、選択の自由さはまったくないのだが、先方の事情を考えれば、それは別に不思議でもなんでもない。

不動産屋としては、家賃の額と手数料は比例しているのだから、手数料の安い激安賃料物件はあまり扱いたくないはず。また、借りる人からだけでなく、大家さんからも報酬をもらえる自社の元付け物件を優先して契約を取りたいと考えるのも自然なことだろう。

つまり、部屋を案内してくれる営業マンは、決してあなたの利益に忠実ではないということである。

予算内におさまるボロ物件をさんざん見せた後、予算よりも高い物件を見せる。逆に、最初にワンランク上の物件を見せてから、安い家賃のボロ物件を見せ、最後に案内した、そこその物件に決めさせようとするなど、あらかじめ落としどころを決めておき、引き立て役となる物件をうまく組み合わせることで、自分たちの思いどおりに客を誘導しようとする。

客のほうは、何軒か見て回っているうちに、すっかり疲れ果ててくる。「いい加減決めてくださいよ」と言葉には出して言わないまでも、営業マンの無言のプレッシャーに気圧されて、仕方なく決めてしまう人も多いのではないだろうか。

その結果、不動産屋の都合のいい物件を選ばされる。これでは住居費を安くする目的を達成できるわけがない。

## ●不動産屋には自分で選んだ物件だけ案内してもらえばいい

不動産屋に物件を探してもらう時代は、とっくの昔に終わっている。

ネットが普及するまでの不動産の世界において、物件情報を独占的に知ることができたのは、協会に加盟している宅建業者だけだった。客は、店に行って希望に合うものを探してもらうしかなかった。

しかし、ネット経由で、プロが見ているのと同じような膨大な数の物件のデータにだれでもアクセスできるようになったいまは、いくらでも自分で探せるのだから、お店に出掛けて、希望条件にあったものをピックアップしてもらう必要はない。自分で選んだめぼしい物件だけを案内してもらえばよい。

営業マンから「似た条件の近隣物件も、あわせてご案内します」と薦められても、希望条件に合致しないものはキッパリと断るべき。

「ネットに出ていない物件も多数ありますよ」は、客付け業者（他社が元付けとなっている流通物件を手広く扱う業者）の常套句。

オープンにする（業者専用のデータベースに登録）前に消えていく、素晴らしい非公開物件もあるにはあるのだろうが、市場に出ていない物件イコール市場価格の波にもまれていない（要するに高い）可能性が高い。超オトクな物件があったとしても、それはごく稀な例だろう。

したがって、不動産屋に出掛けていって、いい物件をみつくろってもらうよりも、ネットに出ている物件を毎日根気よくチェックしていくほうが、より確実にオトクな物件に巡り合えるコツと言えるだろう。

## ●賃貸サイトの情報はアヤシイか？

「××で見たんですが、△△マンション◯号室って、まだ空いてますか？」

「はい。大丈夫です。まだ空いてますよ」

ネットで探した物件に、そう問い合わせをして、いそいそと不動産屋の店舗に出掛けてみたら、こう言われてしまったことはないだろうか。

「ごめんなさい。管理会社から連絡ありまして、今朝申し込みが入っちゃったみたいなんですよ。せっかく来ていただいたんですから、ほかの似たような物件をご紹介しますよ」

相場より安い掘り出し物件を探している人ほど、遭遇しがちなシーンで、「これは！」と思って問い合わせたのが、ことごとく消えていたりすると、「賃貸サイトの情報はアヤシイものばかり」に思えてくるだろう。

いわゆる「オトリ広告」が強く疑われるわけだが、これが紙媒体などに比べて審査が緩い賃貸サイトのアキレス腱。

さすがに、最初から実在しない架空の物件を掲載するケースは稀にしても、掲載と成約とのタイムラグが生じがちな賃貸サイトの性質を逆手にとって、意図的に更新をさぼっているとしか思えない情報が蔓延している。

不動産屋からすれば、来店さえしてもらえれば、あとは自分たちのセールストークでなんとでもなるという考え方なのだろう。

最近はどこの賃貸サイトでも、運営会社が不正行為には厳しく対処するようにはなっているものの、更新漏れの物件をすべて排除するのは、現実的に不可能である。

## ●オトリ物件のウラの取り方

では、オトリ物件を見抜く方法はないのだろうか。

結論から言えば、賃貸サイトを継続的に見ていれば、ある程度はわかるようになるもの。一般的に言って、「オトリ」は、周辺相場からみて格安でないと集客効果はないため、同じ賃料水準のリストのなかで、飛び抜けて、新しかったり、広かったり、あるいは駅から近かったりする。そんな物件は、まずは疑ってかかるべき。

そして、そんなに格安な物件なら、当然、たくさんの業者がそれに群がって、情報をサイトに掲載しているはずなのに、一社しか出していなかったら、オトリの疑いはますます濃厚。

同じ物件を何社も出していた場合、継続して見ていると、どこかが掲載終了する。その段階で、すでにその物件はなくなっているはずなのに、いつまでも掲載している業者は、意図的に更新を怠っている可能性大。

といった具合に、複数のサイトからアクセスして、「ウラを取る」のが、オトリかどうかを見分けるコツだ。

## ●不動産屋はこんなところが狙い目

部屋探しの最大の誤解は、「見たい物件が出てきたら、その情報を出している業者に連絡しないといけない」という点。実際にはそんなことはなくて、業者専用データベースに登録されて募集情報が広く流通している物件であれば、どこの不動産屋でも、それらを仲介してもらうのは可能なはずである。つまり、不動産屋はどこでもいい。

だとしたら、オトリ物件につられてヘンな業者へ行くよりも、信頼できる業者へ行って、サイトで見つけた物件を案内してもらったほうが安心である。

賃貸の場合、「大手だから安心」とは限らないのが難しいところ。テレビコマーシャルを四六時中流している某大手不動産会社が、オトリ広告やウソの記載で公正取引委員会から排除勧告を受けているのは、なぜかあまり知られていない。

大手よりも、地元で長年営業している小さな不動産屋のほうが信頼できるケースもある（そうでないケースもあるが）。

それも駅前の一等地で営業しているところではなく、駅から少し離れた場所で営業しているところが狙い目。そういう業者は、サイトにも家賃の安い物件を出していることが多い。最初から店舗での集客を期待できなければ、ネットに力を入れざるをえないからだ。

協会型のサイトからアクセスして、あちこち見ていくと、ネット営業に力を入れている地場の不動産屋が必ず出てくるはず。自社サイトを開設していれば、そちらも詳しくチェックしてみるべき。

注目したいのは、物件データの更新の頻度。小まめにデータを更新している業者ならば、オトリが掲載されている恐れは少なく、ネットで見つけた激安物件も積極的に仲介してくれるだろう。

また、スタッフや経営者が書いているブログを定期的にチェックし、その人柄から信頼できそうかどうかを見ていくのも有効だろう。

## 家賃下げの心得

●賃貸サイトは、大手不動産会社独自の「企業型」、中小不動産業者の協会が運営している「協会型」、大手ポータルサイトが運営する「ポータル型」に分けられる。

●使い勝手のよい「ポータル型」、元付け業者を見つけられる「協会型」など、目的に合わせて賃貸サイトを使い分けたい。

●不動産会社の営業マンはあなたの利益に忠実ではない！　不動産屋に出かけ、物件探しを頼むよりも、賃貸サイトでの検索が〝掘り出しモノ〟への近道である。

# ③ 月額2万円安くする！　引っ越し大作戦

## ●物件選びの新基準〝めやす賃料〟って何？

ひと通り、引っ越し先候補の物件をピックアップできたら、そのなかでどこが有利か（安いか）を見極めたいところだが、これが一筋縄ではいかない。

なぜならば、ウォッチリストに保存した候補をズラリと並べてみると、「家賃7万円、敷2礼1　仲介手数料半額」「家賃7万2000円、敷1礼なし」「家賃6万9000円、敷なし礼1」といったふうに、月々の家賃とは別の条件が加わってくるからだ。

一見すると、「家賃6万9000円、敷なし礼1」がいちばん安いと判定しがちだが、敷金がない物件の場合は、最初に「入居時修繕費」や「室内消毒・清掃費」の名目で2～4万円かかったり、「鍵交換費用」として2～3万円も取られるケースもある。結果的に、「敷あり」で、戻ってこない修繕費分（契約時に、あらかじめ決まっている場合は「敷引き」と呼ぶ）と変わらなくなってしまう。

礼金なしの物件は、その分家賃がやや高めだったりすることもある。仲介手数料も安いには越したことはないが、礼金を取られるならトータルでは損。

これに、「敷引き」「更新料」「フリーレント」などの条件まで加わると、携帯料金プランのように、「複雑すぎて比較不能」に陥りがちだ。

そこで、複数の物件を比較するときに知っておきたいのが「めやす賃料」である。

２０１０年からスタートした不動産の表示制度で、借りる人が4年間住んだ場合に支払う総額を48カ月で割って算出した、１カ月当たりの金額のこと。

たとえば、家賃７万円、管理費２０００円だとすると、48カ月をかけて総額３４５万６０００円。これに、敷金は足さないが、返ってこない敷引金３・５万円、礼金７万円、更新料７万円を足した３６３万１０００円を48カ月で割ると、７万５６４５円となる。ほかの候補についても、めやす賃料で比較すれば、どこがいちばん安いかは一目瞭然。

めやす賃料の表示制度自体は、業界団体が定めた自主ルールのため、いまのところ広く普及しているとは言い難いが、ポータルサイトには掲載されていることが多い。複数の物

## めやす賃料の計算方法は？

**契約条件（普通借家契約）**

| | | | |
|---|---|---|---|
| 賃料 | 70,000 円 | 契約期間 | |
| 共益費・管理費 | 2,000 円 | 更新期間 | 2 年毎 |
| 礼金 | 1 カ月 | フリーレント | |
| 更新料 | 1 カ月 | 敷引金 | 35,000 円 |

**賃貸住宅の居住に伴い授受される金銭の（予定）額**

| | 契約一時金 | 月々 | 更新時（2 年） | 解約時 | 4 年間の総額 |
|---|---|---|---|---|---|
| 賃料 | | 70,000 | | | 3,360,000 |
| 共益費・管理費 | | 2,000 | | | 96,000 |
| 敷引金 | | | | 35,000 | 35,000 |
| 礼金 | 70,000 | | | | 70,000 |
| 更新料 | | | 70,000 | | 70,000 |
| 合計 | | | | | 3,631,000 円 |

**めやす賃料計算**

めやす賃料の額

**4 年間の総額　3,631,000 円 ÷ 48 カ月 ＝75,646 円**

公益財団法人日本賃貸住宅管理協会のサイト（http://www.jpm.jp/）には、めやす賃料計算プログラムが用意されていて、そこに必要な数字を入力すると計算してくれる。

件を比較するときには、「とにかく4年間にかかる費用をすべて足して月数で割った額でみる」というこの考え方は、おおいにマネしたいもの。

「4年間も住むつもりない」という人なら、2年間にかかる総費用で比較してみるのも有効だろう。

### ●周辺の新築物件の家賃を調べると…

引っ越しを検討したら、必ずチェックしたいのが周辺の新築物件の家賃である。

「新築なんて、どうせ高いに決まっている」と考えがちだが、実際には必ずしもそうとは限らない。空室率が高くなる一方のなかで、一日も早く満室にしたい新築物件のオーナーは、思い切った家賃に設定することも多いからだ。

もう何年も同じ部屋に住んでいて、その間一度も家賃交渉をしたことがない人にとって、新築物件の家賃は、近隣の家賃相場を知るうえで、重要な指標になるだろう。

ひとつ具体例をあげてみよう。

Uさん（34歳）が住んでいるのは、神奈川県川崎市内で、東急東横線沿線の1DK（32平米／バス・トイレ別）のマンション。

駅からは徒歩15分の築18年の物件で、家賃は8万5000円。入居時には、敷金と礼金がそれぞれ1カ月分ずつ取られて、不動産屋への仲介手数料も含めると、25万5000円もかかった。

4年たって、そろそろ引っ越そうと探していたら、近隣の新築物件を発見。その家賃がいまより2000円安い管理費込みで8万3000円！　駅からの所要時間、部屋の広さともに、いま住んでいる部屋とほぼ同じで、間取りは2DK。なのに敷金1カ月で、礼金はなし。しかも5月中に入居すれば、7月いっぱいまでは家賃タダのフリーレント付き！

いま住んでいる築18年の古ぼけたマンションよりも、すべての面で条件がアップ！

ピカピカの新築なのに、初期費用も低く抑えられ、さらには、フリーレントのおまけまでつくというのだから、そちらへ引っ越さないほうが大損という状態である。

## ●ネットの「家賃相場」は鵜呑みにするな

最近は、どこのポータルサイトでも、地域別の家賃相場を公表しているが、あれを鵜呑みにしてはいけない。

掲載されている相場は、過去の募集データを単に平均化したものにすぎない。実際に成約に至る賃料はそれよりも低いのが現実だ。むしろ基準にしたいのが近隣の新築物件の募集家賃である。

新築が8万円ならば、これまで住んでいたのと同じ築年数の物件の家賃は、もっと安くなるはずという気持ちで探すと、安い家賃の物件がゾロゾロと見つかるはず。

新築物件が供給されれば、古い物件の価値は大きく下がる。新築物件が出なくても、2年住めば、2年分建物は古くなって価値は下がるから、家賃は年々安くなって当たり前。

前記の条件で見てみると、同じ広さ・間取りで、駅からは徒歩15分の築15年前後の物件で探すと、家賃は少なくとも7万円まで下がる。

さらに、1Kで少し狭くなってもよければ、6万円前後のマンション物件がたくさんあることがわかる。

不動産は、まったく同じものが二つ存在しない唯一無二の商品のため、向きや階数、建物の状態などの違いによっても、微妙に部屋の雰囲気が異なっているものだが、その部屋が気に入れば、家賃は一気に2万円も下がるのである。

また、そういったリアルな相場が頭に入っていれば、不動産屋との交渉においても「新築が8万円であるのに高いんじゃない？」というセリフが自然と口をついて出てくるもの。「どこも同じようなもの」という視点でみると、いまの家賃でも高くないような錯覚を覚えてしまうものだが、「新築が8万円礼金なしフリーレント3カ月」という新しい基準を頭に入れて探すと、まったく見方が違ってくるのである。

## ●メリットとデメリットを秤にかける

「不動産には出物はない」と、よく言われる。安いものには、必ずそれなりの理由があり、決して相場と掛け離れたモノが出回っているわけではないという意味だ。

賃貸においても、その言葉は見事に当てはまる。

一般人がいくらネット上の膨大なデータのなかから探したからといって、飛び抜けてオトクな物件にありつけるわけではない。

誤解のないように言っておくと、世間の家賃相場が年々下がっているのに、何年も固定された家賃を払い続けた人は、普通に引っ越せば、時間経過の損失を一部取り戻すことができるというだけで、そのときの相場よりも安い家賃で借りられるわけでは決してない。ネットを使えば、アマゾンのようになんでも安くなるわけではない。

だとしたら、時間をかけて賃貸サイトで検索するのは無駄なのだろうか。もちろん、そんなことはない。

どんな「商品」にも、必ずメリットとデメリットの両方が並立しているため、評価というのは人によって異なってくる。Aさんにとっては、そのメリットは何より重要なのに対して、Bさんにとってそれは結構どうでもいいことだったりするからだ。

そこで家賃を下げるための、とっておきの切り札になってくるのが、あえてデメリットを受け入れることである。

かといって、デメリットを我慢するのではなく、メリットを最大限に活かす一方で、デメリットはできるだけ解消する方法をトコトン考えるべし。あれもこれもと総合点の高い物件を求めようとしたら、家賃はバカ高くなってしまうが、何かひとつだけでも、マイナス面を犠牲にする覚悟さえあれば、家賃は劇的に安くなるはずなのである。

その代表例をいくつか見ていこう。

## ●家賃を劇的に下げる「条件」

電車で通勤・通学していると、駅まで「徒歩10分以内」をひとつの目安にする人が多いと思うが、所要時間が短ければ、それだけ家賃も高くなるのが悩みのタネだった。

「本当は、もっと駅近にしたかったけど、安く収めるために徒歩12分で我慢した」なんて人は、次に引っ越すときには、同じ家賃で当たり前のように「徒歩10分以内」の条件を選択して、「徒歩７分」や「徒歩５分」の物件を狙えるだろう。

条件はいままでのままでいいから、とにかく家賃を劇的に下げたい人にオススメなのが、ハードルをひとつ下げて探す方法。

「徒歩10分以内」とした場合、「徒歩11分」の物件は、すべて検索で弾かれる。しかし、平坦な道程ならば、１分くらいオーバーしても体力的な負担はあまり変わらないはず。

そんなときは、先に「15分以内」で検索をかけて、その検索結果のなかから「10分」を少し超えた11~12分の物件を集中的に見ていくのが得策だ。

すると、たった1～2分徒歩時間を延ばすだけで、家賃は4000～5000円も安くなることもめずらしくない。

特に、単身者用ワンルームでその傾向は顕著に現れる。「徒歩10分以内」かどうかで、入居率が大きく変わってくるためで、そこをほんの少しだけ譲歩することで、家賃は劇的に下がるのである。

## ●トコトン下げたい人のための見逃せないポイント

部屋にロフトがついていたり、シャワートイレだったり、風呂に追い炊き機能がついていたりといった設備の違いによっても、家賃の額には結構な差が出てくるもの。

なかでも、とりわけ大きな差が出るのが「バス、トイレ別」の条件である。

風呂とトイレが一緒になった、いわゆる「3点式ユニットバス」設備の賃貸アパートは、どういうわけか単身者にも超不人気で、真っ先にダメ出しをくらう物件になりつつある。

ただでさえ狭いワンルームだから、せめてお風呂とトイレくらいはゆったりしたいということなのだろう。

〝3点式〟のワンルームでも家賃5～6万円が当たり前だった時代に入居した人が次に引っ越すときには、いまよりもずっと安い家賃で「バス、トイレ別」を狙えるはず。

では「バス、トイレ別」の条件を入れるのと入れないのとでは、家賃はどれくらい違ってくるのか。試しに神奈川県川崎市（全区）を例に、賃貸サイトを使って調べてみた。「徒歩10分以内／築20年以内／バス、トイレ別」の条件で検索すると、最安家賃は、3万7000円程度だが、「バス、トイレ別」の条件を外したとたん、家賃は3万円までダウン！

家賃を劇的に安くしたい人にとっては、これは見逃せないポイント。

ゆったり風呂に入れる条件だけは絶対に譲れないと思う人は別にして、「ふだんはシャワーしか使わないし、通っているスポーツジムのジャグジーに入るから風呂なんてどうでもいい」とか「割引券もっているスーパー銭湯に頻繁に行く」なんていう人は、あえて「バス、トイレ別」にこだわらずにいれば、それだけで7000円程度は家賃が安くなるのである。

ちなみに、東京23区内をはじめとした都市部にはいまだに「風呂なし」物件が結構あり、風呂なしならワンルームで家賃は2万円台から見つかる。トコトン家賃を下げたい人は、あえて「風呂なし」を選んで〝銭湯めぐり〟の趣味を極めるのも、低コストで楽しむライフスタイルかもしれない。

## ●コストパフォーマンスがもっとも高い物件は？

▼新築5万円↓5年以内4万8000円（96％）↓10年以内4万円（80％）↓15年以内3万6000円（72％）↓20年以内3万円（60％）

これは、賃貸ポータルサイトで、築年数の条件を段階別に変えたときの最安家賃（間取りは無指定だが、結果としてすべてワンルーム）の変化を表したものである（神奈川県川崎市全区、駅徒歩10分以内、10平米以上）。

最安家賃を出しただけで、その他の条件は揃えていないので、かなりアバウトではあるが、6年以上経過すれば新築の8割、11年以上経過すれば新築の7割、16年以上経過すれば新築の6割程度の家賃になるというのは、なんとなくうなずける数値ではある。

ちなみに、これと同じ条件で、間取りだけをファミリー向けの2DK／2LDK（20平米以上）に変えて検索してみると、以下のようになった。

▼新築8万3000円↓5年以内7万8000円（97％）↓10年以内7万8000円

（97％）→15年以内6万5000円（78％）→20年以内5万5000円（66％）

コストパフォーマンスがいちばん高いのは、新築物件。なにせ築10年の物件と数％しか違わないのだから。しかも新築物件には入居後、一定期間家賃がタダになるフリーレント付き物件が多いことも考えると、この数値以上のメリットが得られるのは間違いない。絶対額のオトク感から言えば、単身者で新築より3割安い「築15年以内」、ファミリーは新築より3割超安くなる「築20年以内」のゾーンだろう。

さらに激安を狙うのなら、築21年の物件がオススメ。「築20年」で検索したときは1年違うだけで完全に抜け落ちる一方、「指定なし」の検索では、ほかの物件に紛れて目立たなくなってしまうため、そこに意外な掘り出し物が眠っている可能性が高いからだ。

なお、築何年で新築の何割の家賃になるかは、供給量次第なので、あなたもぜひ地元の家賃が築年数でどのように推移するのかを調べてみてほしい。

## ●家賃大崩壊時代の「定期借家」のメリットとデメリット

賃貸サイトの検索結果一覧リストを見ていると、ときどき明らかに周辺相場よりも安い物件が目につく。なぜ安いのかと詳しく見てみると「定期借家」という特殊な契約形態だったりする。

定期借家とは、ひと言で言うと「更新のない賃貸物件」のことで、通常の賃貸契約のように、そのつど契約を更新して住み続けることができないのが大きな特徴である。

旧来の借地借家法において、店子は大家から立ち退きを求められても、それを拒否して居座ることができた。家賃さえ払っていれば、いくらでも長く住み続けることができたのである。

部屋を貸している大家さんからすれば、立ち退いてもらうためには、多額の立ち退き料を払わねばならず、「他人に家を貸すと戻ってこない」と感じることが多かった。

そこで、契約期間が終了したら自動的に退去となるようにしたのが定期借家である。原則として更新はなし（双方が合意すれば再契約は可能）なので、大家さんにとっては、いざというときに立ち退いてくれない心配がまったくゼロ。それでいて、契約の中途解除は不可のため、期間中は突然出ていかれることもなく、確実に家賃収入を得られるのである。

通常の賃貸契約を、長期的に雇用されて解雇が困難な正社員だとすると、定期借家は、いわば契約社員や派遣社員のようなもの。つまり、期間満了時に特別な配慮を必要とせず、契約終了できるのが大きな違いである。

店子からすれば、定期借家契約の物件に入居してしまうと、自分の意思で長く住み続けることができないという決定的なデメリットを背負う。その代わりに、通常の賃貸契約の物件に比べて家賃が3割以上は安く設定されていて、礼金なしの物件が多いのが魅力である。

ソンなように思える定期借家だが、契約内容によっては、定期借家の物件もおおいに検討すべきである。

というのも、家賃崩壊時代は、「長く住めば住むほどソン」なことを思い出してほしい。だったら、最初から「何年以上は住まない」とキッパリ決めてその期間だけ定期借家で住み、次々とほかへ引っ越していったほうが断然オトク。家賃が確実に安く、礼金なしなら、頻繁に引っ越しても十分にモトは取れるだろう。

注意したいのは契約期間。定期借家においては、契約期間は通常の賃貸契約のように2年とは限らず、5年とか10年と長くしているケースもある。毎年のように家賃が安くなるなかで、5年も住み続けるとなると、最初の家賃が多少安いくらいでは到底ワリにあわないかもしれない。

また、定期借家は、原則として中途解約ができないため、5年契約なのに、1年で出ていくと、残り4年間の家賃を全額請求されかねない。ただし、借主に転勤や親族の介護など、「特別な事由」が発生した場合ならば、ペナルティーなしで中途解約は可能だ。

逆に、契約期間を2～3カ月と、極端に短くしている場合、2～3カ月ごとに更新ではなく、再契約を交わす形にはなるのだろうが、家賃を滞納するようなら再契約はしない、つまり即出て行ってくれということが簡単にできてしまうことも頭に入れておきたい。

仲介してくれる不動産屋に、そういったデメリットを十分に説明してもらったうえで、それでもなおオトクと判断したのなら、定期借家の物件を選択してもいいのかもしれない。

## ●驚きのワケアリ物件活用法

究極のワケアリと言えば、いわゆる「事故物件」を思い浮かべる人が多いだろう。

居住者が部屋で自殺した、あるいは亡くなって発見が遅れた、殺人事件現場になったなど、縁起でもない部屋は、普通に貸そうとしても、なかなか借手がつかないため、それなりに下げた家賃で入居者を募集するしかない。

ある賃貸サイトで「2年間賃料1万円ダウン」をうたった物件を発見した。その後に小さく「※告知事項あり」としていたので、掲載している業者に電話して聞くと、案の定「居住者がお亡くなりになられた物件です」とのこと。

免許を持った宅建業者は、不幸な事情も重要事項説明の一つとして必ず客に告知しなければならないため、それを隠して募集することはできないわけだ。

さすがに「殺人事件が起きた現場」は選択不可だろうが、病死していた程度なら、「気にならない」という人もなかにはいるかもしれない。何しろ、その痕跡が一切残らないよう改装されているため、精神的な瑕疵《かし》を除いた実質的なデメリットはほぼゼロなのだから、つい「安さにつられて」という気持ちにならないとも限らない。

実は、この手の事故物件がカンタンに見つかるのが、公共住宅である。

東京都の都営住宅を例に取ると、通常の定期募集とは別に、「孤独死で発見が遅れた住宅」「自殺等があった住戸」を意味する「特定物件」の募集が定期的に行なわれている。

その募集情報を見ると、都心の臨海地域で駅まで徒歩数分の３ＤＫの物件が通常、家賃８万４０００円（このままでも安い！）のところが、なんとその半額の４万２０００円だったりするから驚き。

この特定物件が、通常の募集とは大きく異なるのは、原則として先着順であること。つまり、数十倍とか数百倍の抽選倍率を突破しなくても、一定の申込資格を満たしていさえすれば、だれでも入居できるのである。

東京都の特定物件は、家賃軽減期間が原則として3年間。その期間中、もともと激安の家賃がさらに半額になるため、入居できれば間違いなく激ドクである。

かつて「公団」と呼ばれていた、UR都市機構が運営している賃貸住宅でも、入居から1~3年間の期間限定ではあるが、事故物件のため家賃が半額になる「特別募集住宅」があり、こちらももちろん先着順。

いずれもウェブサイトに掲載された情報はすぐに古くなるため、興味のある人は専用窓口を調べ、そちらに直接問い合わせするといいかもしれない。

## 家賃下げの心得

●敷金・礼金、更新料、フリーレント……細かな条件で比較不能になりがちな家賃比較は「めやす賃料」でスッキリ。

●ネット上の家賃相場は信用せず、まずは近隣の新築物件家賃をチェック、これを基準に部屋探しを。

●駅からの距離、ユニットバス、定期借家……どの〝デメリット〟を受け入れるかが家賃下げの重要テーマ。

# 第3章 カンタン！家賃値下げ交渉マニュアル

## ついに来た家賃交渉の日

家賃を下げてほしいんです

リーマンショック後には家賃デフレといってもよい状況になっていて…東京都のマンションの平均賃料は2008年から2013年までのあいだに24％も下落。2018年水準でもピーク時の85％程度までしか回復していない…

23区内以外はこの10年、ずっと平均賃料が下落し続けていて…

日本全国の賃貸住宅のストック数に対しての空室の割合は18％超になっていて、首都圏ですら15％以上にまで上昇している…

野村総研の研究では2040年には空き室率が40％まで跳ね上がる…

すでに全国主要都市でも最低家賃は1万円台になっていて…

首都圏でも敷金・礼金をとらずにフリーレントをつけてまで入居者を募集する物件もどんどん出てきていて、昔は敷金礼金合わせて10カ月が常識とされた関西地方でさえ…

お、お、大家さん…

## ① 値下げ交渉では、法律が強い味方になる
### ――家賃下げ交渉の第一歩

### ●大家に「家賃下げて」と頼んだところ…

あなたが部屋を借りている大家さんに対して「家賃下げてください」と頼んでみたところ、大家さんからこう言われてしまった。

「いや、そんな話には応じられませんよ。だって、あなた去年契約を更新したときに、いまの家賃に同意して契約書にハンコ押したんじゃないんですか？　それを契約の途中で、やっぱり下げてほしいだなんて、おかしいでしょ。同意してないんだったら、ハンコ押さなかったらよかったのにね」

大家さんの「一度契約しておいて、いまさら」という言い分には、確かに一理はあるものの、あなたとしては納得できないのには変わりない。

「いや、納得したわけじゃないんですけど、『家賃下げて』って要求なんかしたら、『イヤなら、出てって』と言われるのが怖かったからですよ。まだ、いまの部屋に住み続けたかったから、高いけど渋々契約しただけなんですよ。でも、もう我慢の限界。隣の部屋に入った人がうちよりも1万円安い家賃だってこと知ってるんですからね」

さて、「家賃を下げてほしい」という、こんなあなたの要求は、果たして正当な権利として認められるものだろうか。

## ●家賃減額交渉の権利は法的にも認められている

結論から言えば、店子からの家賃減額交渉は、法的にも認められている。

以下に、店子にとって「伝家の宝刀」とも言える、その法律の条文を引用しておこう。

**借地借家法第32条1項**（借賃増減請求権）

建物の借賃が、土地若しくは建物に対する租税その他の負担の増減により、土地若しくは建物の価格の上昇若しくは低下その他の経済事情の変動により、又は近傍同種の建物の借賃に比較して不相当となったときは、契約の条件にかかわらず、当事者は、将来に向かって建物の借賃の額の増減を請求することができる。ただし、一定の期間建物の借賃を増額しない旨の特約がある場合には、その定めに従う。

契約を交わした当時は妥当な額であったとしても、時間の経過とともに周りの状況が大きく変わってしまい、妥当な額とは言えなくなることは、どんな時代にもあるもの。そこで、契約で決めた家賃がさまざまな事情で不相応となったときには、家賃の増減を請求できると、借地借家法で明確に規定されているのである（この権利を「借賃増減請求権」と呼ぶ）。

そして、「不相応となったとき」の具体的なケースとして以下の３つの状況が例示されている。

① 土地・建物に対する固定資産税など税金の増減
② 土地・建物価格の上昇や低下、その他の経済事情の変動
③ 近隣にある同じような建物の家賃に比較して不相当

これらのうち、どれかひとつでも該当するものがあれば、家賃の増減額を請求できるとされているのである。

借賃増減請求権には、もちろん店子からの値下げ請求ばかりでなく、大家からの値上げ請求も含まれている。

## ●「契約の条件にかかわらず」減額交渉可能

次に着目したいのは、「契約の条件にかかわらず、当事者は、将来に向かって建物の借賃の額の増減を請求することができる」の「契約の条件にかかわらず」の部分である。

わざわざそうひと言入れているのは、契約の条件によっては、「借賃の額の増減を請求できない」ケースがありうるからだ。

たとえば、契約のなかで「〇年間は家賃の減額（値下げ）はしない」という特約を交わしていたら、定められた期間は店子から値下げ請求はできないことになってしまう。

そうすると、「えっ、家賃安くしてほしいって？　契約書よく読んでごらんよ。最後のほうに、２年間は賃料を減額はしないと書いてあるでしょ」と、大家がしたり顔で主張しかねないが、そんなときでもこの法律の条文を知っているあなたは涼しい顔して、こう反論できるだろう。

「借地借家法第32条1項では、『契約の条件にかかわらず』、借賃の額の増減を請求することができるとなっていますから、そんな特約は無効ですよ」

借地借家法では、立場の弱い店子に著しく不利な内容の契約は、たとえ交わしたとしても、それは無効になる強行規定なのが大きな特徴。したがって、契約書で「家賃減額はしない」となっていたとしても、店子からの家賃減額請求は認められるのである。

## ●大家からの値上げ特約は認められない

もうひとつ注目したいのは、この条文の最後に「ただし、一定の期間建物の借賃を増額しない旨の特約がある場合には、その定めに従う」とされている点。

こちらは前記とはまったく逆のケースを意味している。たとえば、契約の中に「2年間は家賃の増額（値上げ）はしない」というような特約があった場合は、当然のことながら、その定めに従う、つまり大家からの値上げ請求は2年間認められないということになるわけだ。

店子側からの値下げ請求は、値下げしない特約があってもできる反面、大家側からの値上げ請求については、値上げしない特約があればできないという、店子に圧倒的有利な内容になっていることは、この際にしっかり覚えておこう。

## ●値下げ交渉は正当な権利なのだ

実際の裁判において、借賃増減請求権が認められるかどうかは、以下の３つの要件によって判定される。

①　現行賃料が客観的にみて、「不相応」になったこと
②　前回の改定から相当の時間が経過していること
③　不増額の特約がないこと

①は、すでに解説したような状況で、前回契約を交わしたときとは事情が大きく変わってしまったケース。いまの家賃が相場と開きが出てきてしまった場合、その家賃のまま継続することが公平ではないと判断されるかどうかによって判定される。

②については、前回の契約からもう何年もの時間が経っていて、その間に経済的な事情が大きく変わった状況を指す。ただし、これまでの判例では、前回の契約からあまり時間が経っていなくても、経済状況などが急激に変化した場合は、借賃増減請求権は発生するものと解釈されている。

もうひとつの③「不増額の特約がないこと」は、店子の請求とは関係なく、不増額、つまり一定期間は家賃を上げない旨が契約に盛り込まれていれば、大家からの家賃増額請求はできないということ。これも先述したとおりである。

以上見てきたように、何年も同じ部屋に住み続けてきて、周辺家賃相場は下がっているのに、入居時と同じ家賃を払い続けているならば、賃料減額を請求する権利は明らかにあると言える。

よって、大家に対しては、堂々と「借地借家法で認められている正当な権利として、家賃値下げ交渉をしますよ」と申し入れるべきなのである。

## 家賃下げの心得

●借主からの家賃減額交渉は「借地借家法」に認められた正当な権利である。

●「借地借家法」は、大家側の値上げ特約は認めず、店子側の値下げ特約のみを認めた、店子に圧倒的に有利な内容。

●「借地借家法」では、たとえ契約書に明記されていても店子に著しく不利な契約は無効になる強行規定となっている。

## ②値下げ要求額を決めよう

### ――値下げ要求の第二歩

### ●家賃の値下げ額の見極め方

では、家賃交渉は、どういう手順で進めればよいのだろうか。

まず、交渉前に必ず済ませておきたいのが、家賃の値下げ額を見極めることである。

たとえば、あなたがいま10万円の家賃を払っているとしたら、５０００円下げてもらうのか、それとも2万円下げてもらうのかを決めないといけない。

「とにかく、いくらでもいいから安くしてほしい」では、有利に交渉を進めていくのは難しいだろう。

そこで、前章で詳しく解説した賃貸サイトを駆使する方法を使って、近隣相場を調べるのが先決である。

○○線沿線（○○市）、駅徒歩10分、２ＬＤＫ、２階、南西向き、築10年以内と、いま住んでいる部屋の条件で探した場合、家賃がいくらになるかは、賃貸サイトで検索していけば、わりと簡単に割り出せるはずだ。

いま住んでいるアパート・マンションの別の部屋の家賃がわかればベスト。５年前に入居した自分は10万円払っているのに、同じ階の空き部屋が７万円で募集していたら、当然それと同等にしてもらうよう要求するべきだろう。

同じ建物の情報が見つからなかったら、できるだけいま住んでいる部屋と条件が似通った近隣物件を調べてみて、その相場まで下げるのを目標としたい。

## ●交渉決裂で困るのは大家です

もし、あなたが「10万円の家賃を７万円に下げるなんて無理」と、つい弱気に思えてしまうようなら、長年の借家人生活によって、地主には逆らえない小作人根性がすっかり身に染み付いてしまっていると言わざるをえない。

家賃交渉が決裂したら、困るのは大家のほうであって、決してあなたではない。家余りで、借手市場になりつつあるいま、あなたは安くて新しい部屋に引っ越せばいいだけなのだから。

あなたにとって家賃交渉は、いままで気づかずに負担させられていたバカ高い家賃から解放される絶好の機会であることを、この際にしっかり肝に銘じてほしい。

そのことを踏まえたうえで、じゃあ具体的にいくらまで家賃が下がったら、引っ越しせずに、いまの部屋に住み続けてあげてもいいかを緻密に計算しておく必要がある。

具体例をあげて、試算してみよう。

## ●忘れてはいけない引っ越し代の話

いま10万円家賃を払っている人が、これから2年間住み続けるとしたら、24カ月分の家賃で、総額240万円。その間に契約を一度更新して、更新料1カ月分かかるとしたら、それも足した250万円もの住居費を今後2年間に支払うことになる。

一方、近隣でいまと同じような条件の部屋の相場が家賃8万円だったとしたらどうなるだろうか。

相場家賃の部屋に引っ越せば、月に2万円安くなるのだから、年間24万円、2年間で48万円も浮くように思える。ところが、現実はそうはならない。

なぜならば、引っ越し費用が結構かかるからだ。

敷金１カ月分、礼金１カ月分、不動産屋への手数料１カ月分、そのほか引っ越し費用１カ月分の計４カ月分かかるとしたら、８万円かける４の32万円もの費用が一気に出ていく。２年間に払う家賃総額は１９２万円だが、引っ越し費用を足すと２２４万円。

結局、浮いたのは26万円。引っ越し作業のめんどうさを考えたら、オトク感は半減するかもしれない。

一方、家賃をいまよりも安くしてもらったら、どうなるだろうか。

10万円の家賃を１万円だけ下げてもらって９万円になった場合を考えてみよう。

２年間に払う家賃総額は２１６万円。更新料１カ月分を足すと２２５万円となって、８万円の部屋に引っ越した場合（２２４万円）とほぼ同じ。厳密には、引っ越しをしたパターンのほうは、預けていた敷金がいくらか戻ってくるだろうから、もう少し差は出るだろうが、大きな差はないのは確か。

つまり、２年間の住居費総額で比較すると、家賃８万円の部屋へ引っ越しするのと、１万円安くなった家賃９万円の部屋に住み続けるのとは、たいして変わらないことになる。

だとしたら、少し家賃を下げてもらって、引っ越しをしないで住み続けるという選択肢

引っ越しと家賃値下げは、
どっちがオトク？

**家賃10万円の部屋に２年間住んだ場合**

家賃２年間240万円　＋　更新料10万円＝**250万円**

**家賃８万円の部屋に引っ越した場合**

敷金　礼金　仲介手数料　その他費用

家賃２年間192万円＋引越し費用32万円＝**224万円**

**家賃９万円に下げてもらった場合**

家賃２年間216万円　＋　更新料９万円＝**225万円**

も当然ありうるわけで、そのへんの見極めが非常に重要になってくるわけだ。

## ●2年間の総額で比較しよう

前章で紹介した「めやす賃料」を思い出してほしい。１カ月の家賃額だけでなく、敷引金や礼金など4年間にかかる総費用を48カ月で割って、１カ月当たりの負担額を比較すれば、諸条件が異なる物件同士を正確に比較できるわけである。

それと同じ考え方で、安い家賃の部屋に引っ越しした場合と、家賃を下げて住み続けた場合を、２年間にかかる総額で比較するのが、損得を見極めるコツだ。

家賃8万円の部屋に引っ越しをした場合の

2年間の住居費総額は224万円（24カ月分192万円+引っ越し費用4カ月分32万円）。

では、引っ越しせずに、これと同額の出費になるのは、家賃いくらのケースだろうか。

相場家賃8万円の部屋に引っ越ししたときの総額224万円を、単純に、2年間に払う家賃の月数で割ればよい。このケースでは、24カ月プラス更新料1カ月の25カ月で割った8・96万円が、ちょうど引っ越ししたときと同じになる家賃額なわけだ。

そこまで安くなれば、いまの部屋に住み続けても、ワリに合うことがわかる。

したがって、このケースでは、以下の結論を導き出すことができる。

❶ 目標値下げ額は、近隣相場と同水準の8万円
❷ それが無理なら、8万円の部屋に引っ越ししたのと同等の9万円
❸ 9万円で交渉が決裂したら、迷わず8万円の近隣物件に引っ越す

要するに、近隣にある相場家賃の部屋に引っ越した場合にかかった2年間の住居費総額を25カ月で割った額が損益分岐点になる（更新料なしなら24カ月で割る）わけだから、家賃交渉をしてみて、その損益分岐点の額と同じか、それよりも多少なりとも安くなるな

ら、いまの部屋に住み続けてもいいが、そこまでは安くならないのであれば、さっさと安い家賃のところに引っ越しをするべしということである。

このとき、比較の基準とする近隣物件の家賃相場は、実際に自分が「住みたい」と思った実在する部屋のデータを使いたい。ただし、掘り出し物などではなく、できるだけ近隣相場に見合った平均的な部屋がベターだろう。

また、損益分岐となる家賃額は、敷金や礼金の条件にも大きく左右されるため、希望は「礼金なし」であっても、現実に引っ越したい部屋が礼金ありの物件なら、その実情に合った条件を想定しておくのも重要（逆に、引っ越したい部屋が「礼金なし」が多かったら、礼金なしを前提に計算）。

そうやって、いざというときには引っ越す心の準備さえしておけば、もし大家との家賃交渉が決裂してしまっても、あなたは近隣の目星をつけておいた相場家賃の部屋に引っ越せばいいだけとなる。

いざ、越そうと思ったときには、掘り出し物はすでに埋まっている可能性が高いが、それが近隣相場に見合った平均的なものであれば、いくらでも代替候補は見つかるだろう。

家賃交渉の損益分岐点

## 現在家賃10万円で近く更新を控えている人のケース

**家賃8万円の部屋に引っ越しした場合の2年間の住居費総額は？**

家賃
24ヵ月分
192万円

＋

敷金
家賃1ヵ月分
礼金
家賃1ヵ月分
不動産仲介手数料
家賃1ヵ月分
引っ越し費用
家賃1ヵ月分
32万円

＝ 224万円

**引っ越しせずに住み続けて、それと同じ条件になるためには、家賃をいくらまで下げればよいか？**

224万円 ÷ 25カ月（家賃 24ヵ月分 ＋ 更新料 1ヵ月分）＝ 8.96万円

家賃9万円になれば、家賃8万円の部屋に引っ越したのとほぼ同じ負担

**家賃交渉の損益分岐点の計算方法は？**

近隣相場家賃 × 24カ月 ＋ 引っ越し費用総額 ÷ 25カ月

## 家賃下げの心得

●家賃下げ交渉の前に、いま住んでいる部屋と条件が似通っている近隣物件を調べ、その相場を把握。

●引っ越し代を含めた「新しい物件でかかる費用」と、いまのところに住み続けてかかる費用を、２年間の住居費総額で比較し、損益分岐点を見つけ出す。

●損益分岐点を目安として、値下げ目標額を設定。

●交渉が決裂して困るのはあなたではなく大家である。

# ③大家はどう反応するのか？

## ――家賃下げ交渉の第三歩

### ●家賃交渉はいつ始めるか？

家賃の値下げ目標額が決まったら、いよいよ交渉本番である。

あなたが「いまの高い家賃には、もう我慢ができない」と思うならば、あなたが借りている部屋の大家に対して、その意思表示を行なわないといけない。

それは、いつ、どのようにして切り出せばよいのだろうか？

ここからは、前章でもご登場いただいた㈳テナントユニオンの来島康生代表理事に交渉方法を手取り足取りガイドしてもらいながら、より現実に即したノウハウをご紹介していくことにしよう。

長年にわたってオフィスや店舗を借りているテナントの賃料値下げ交渉に数多くかかわ

ってきた来島氏は、全体の7割を超える物件で値下げに成功しているという。

「賃料が高く、交渉材料を集めるのが難しい店舗やオフィスは、ある程度ノウハウがないと家賃を下げるのは難しいですが、一般の賃貸アパート・マンションなら、特にややこしい交渉はしませんので、素人でもできますよ」と、家賃交渉を勧めている。

では、家賃交渉はいつ始めればよいのだろうか。

来島氏は、新たに契約を交わすときが絶好のチャンスだと指摘する。

「基本的に交渉はいつでもできますが、一般の人が交渉するとしたら、やはり2年に一度の契約更新を控えた時期のほうがやりやすいでしょうね」

契約満了の時期が近づいてくると、管理会社（または大家）から「（賃貸契約）更新のお知らせ」なる文書が送られてきて、新しい契約書への署名捺印を求められるのが一般的だ。

そのタイミングを狙って家賃交渉を行なえというのである。

何もない時期に、家賃の値下げを求めても、本気で検討してくれない可能性があるが、更新にあたっては新しい契約書にハンコを押すという行為が必ず付随するわけだから、そのときに家賃の改定を持ち出すと、相手も真剣に検討せざるをえなくなるというわけだ。

具体的には、「更新のお知らせ」の文書に対する返信の形にして、こちらも文書に、家賃減額請求の用件を書いて送ればいい。

書き方は、次ページに文例を掲載しておいたので、そちらを見てほしい。

口頭で「家賃下げてください」と、管理している不動産屋または大家に対して、切り出すのは、なかなか勇気がいるものだが、こうしたレター形式の文書を書いて出すだけなら、だれでも気軽にできるはずだ。

## ●ズバリ！家賃はいくらにしてほしいかを明記

家賃交渉の文書に盛り込むべきポイントは、３つある。

第一に、現行の家賃が客観的にみて、「不相応」になっている事実を指摘すること。ただ「高いから下げて」では説得力はない。近隣同種の家賃が下落しているなかで、もう何年も賃料の改定が行なわれなかったために、自分が住んでいる部屋の家賃は相対的に高くなっていることを主張したい。

そのうえで、今回の契約更新にあたっては、ズバリ家賃をいくらにしてほしいという希望額まで明記しておくことが重要である。

要するに「経済事情の変化に応じた家賃に改定してほしい」という要請をするわけだ。

# 家賃値下げ交渉文例

＿＿＿＿＿＿＿＿＿＿様（大家さんの名前または管理会社の担当者（その場合は会社名も入れる））

拝啓

時下ますますご清祥のこととお喜び申し上げます。

さて、＿＿年＿＿月＿＿日にご送付いただきました「契約更新のお知らせ」を拝見しまして、以下の通り回答いたします。

ご提示いただきました平成＿＿年＿＿月から 2 年間の契約につきましては、現時点では更新したいと考えております。ただし、今回の更新にあたっては、家賃の改定をお願いしたいと思います。

平成＿＿年＿＿月に入居して以来、＿＿年が経過し、これまで＿＿度にわたり契約を更新させていただきました。しかしながら、この間、家賃の改定は一度も行なわれておりません。

入居した＿＿年前と現在では、経済事情は大きく変わり、近隣同種の家賃も下がっております。（ご参考までに、当マンション内における別の部屋の募集データのコピーを同封いたしました）

つきましては、現在＿＿＿万円の家賃を、近隣同種の物件と同レベルの＿＿＿万＿＿000円にしていただきたく存じます。

もし、上記にご同意いただけるようでしたら、再度、新しい賃料が記載された更新書類のご送付をお願いいたします。また、現行賃料のまま据え置かれるようでしたら、引っ越しを検討いたしますので、＿＿＿年＿＿月＿＿日まで、その旨お知らせいただきたく存じます。

以上、よろしくお願いいたします。

敬具

＿＿＿＿年＿＿月＿＿日

〒＿＿＿＿＿＿＿＿

＿＿＿＿市＿＿＿＿町＿＿＿＿＿

＿＿＿＿＿＿＿＿＿＿＿＿＿＿

＿＿＿＿＿＿＿＿＿＿号室入居者

決定的な説得ポイントとしては、こちらの主張の根拠となるデータを加えることである。「当社がふだん手掛けている店舗やオフィスの例でいいますと、３階を坪１万５０００円で借りていた場合、調べてみたら、同じ建物の５階がもう半年も空いていて、賃料が坪１万円だったりします。すると『大家さん、これどういうことなの？』という話になって、相手も反論しにくいでしょう。だから、同じ建物の事例があるかどうかが結構重要なんです」と来島氏。

もし、同じ建物内で事例が見つかれば、手紙でもそれについても触れておくべき。たとえば、同じフロアの２０１号室は、家賃７万５０００円で募集しているのに、自分は10万円で借りているのは、明らかに不相応。ついては、それと同じ水準にまで下げてほしいとして、７万５０００円で募集している別の部屋の資料を同封しておけばいい。

ただし、近隣同種の物件のデータしかない場合は、あえて事例は出さないのが鉄則。不動産は、まったく同じ条件のものが存在しないため、別の建物の事例を持ち出しても、細かい条件が違うと言い逃れされるだけだそうだ。

ちなみに、文書は、「更新のお知らせ」に明記された管理会社（または大家）の住所へ郵送してもいいし、連絡先メールアドレスが記されていればメールで送信してもＯＫ。いつ送付したのかを記録しておき、文面のコピーだけはちゃんと取っておこう。

先方から「そんなもの届いていないよ」と言われないために、後日改めて電話して、送付した文書が届いたかどうかだけ確認しておくのがコツだ。

## ●大家の反応は3パターンある

特別な心の準備は、必要ない。これまで勇気を出して、家賃値下げを言い出せなかった人も、大家に文書を一枚送った瞬間から、交渉が自動的にスタートするのだ。

さて、こちらが投げたボールに対して、先方の反応は以下のどれかである。

① 何の返事もしてこない
② 減額拒否の返事が来る
③ 一部減額承認の返事が来る
④ こちらの希望どおりの減額を承認する返事が来る

このうち「何の返事もしてこない」のは、②と同じ「ノーの意思表示」の一種と解すれば、「ノー」（拒否）、「イエスバット」（一部容認）、「イエス」（全部容認）の3種類の意思表示パターンに大別される。

ベストなシナリオは、もちろん、こちらの希望値下げ額を全面的に容認してくれる④の返信パターンだが、さすがにそううまくはいかないだろうと思いきや、意外にも来島氏は、「こちらが提示した家賃がスンナリ通ることもある」と言う。

「もともと法外な家賃を取っていたケースです。家賃が一時的に高騰していた時期に契約した人なら、20％値下げを要求しても、あっさり通ることもあります。また、（条件が似た）事例が多いケースでも同じ傾向があります。部屋数の多い物件で、空室がたくさん出ているようなら、その募集データを提示すると、安くせざるをえなくなるからです」

## ●「一部承認」で丸め込まれないよう注意

やはり、いちばん大家サイドの出方として予測されるのは、③の「一部減額承認の返事が来る」パターンだ。

「管理を任されている不動産屋が大家に、『少しだけ下げておいたら、どうですか？』とアドバイスするからです。不動産屋は、相場が下がっているのはよく知ってますし、別に自分の腹が痛むわけではないですから、大家には家賃を下げるよう助言もするんです」

来島氏は、むしろこのパターンでは、丸め込まれないよう注意せよとクギをさす。

「大家としても、完全に拒否すると、後で調停に持ち込まれたときに不利になりますので、一応、店子の要望を受け入れた形を取るという狙いもあります。なので、値下げは受け入れるけれども、値下げ額はほんの数%程度でお茶を濁されるケースは結構あります」

たとえば、10万円だった家賃を「9万円にしてほしい」と申し出ていた場合、大家サイドが「9万円にはできませんが、9万5000円ならいいですよ」となりがち。

しかしその申し出を受け入れてしまったら、相場は8万円なのに、それよりも1万5000円も高い家賃で、また2年間我慢しなければならない。

かといって、せっかく相手が譲歩してきたのに、こちらが頑《かたく》なに自分の提示額にこだわっている格好になって、交渉は台なしになってしまう恐れもある。

そこで重要になってくるのが、最初に要求する家賃の値下げ額の設定である。

たとえば、本音では9万円ならいいと思っていたとしても、要求額はあくまで「8万円」と相場どおりを貫く。そうすれば、大家サイドも9万5000円ではなく、「9万円なら」と、もう一歩踏み込んだ額を提示してくる可能性は高くなるわけで、このあたりの駆け引きも考えて、最初の値下げ要求額は決めるべきである。

また、値下げ要求額を「８万円」にしておけば、大家サイドが「９万５０００円なら」と渋った場合、「それでは、こちらも最大限譲歩して９万円でどうでしょう」と２段階の交渉ができる。それが、最初から「９万円で」と言ったときと「８万円」にしたときとの違いである。

相手が譲歩してきたら、こちらも譲歩した形にして、スンナリと交渉がまとまるようなシナリオを描いてから交渉を始めるのがベターだろう。

## ●「一律20％の値下げを要求します」

オフィスや店舗の賃料交渉では、最初から強気で交渉するのが普通だと、来島氏は言う。

「もともと法外な家賃の場合は、新規の募集事例があれば、ズバリその家賃額、事例がない場合は、一律20％の値下げを要求します」

なお、法的なことを言えば、大家サイドは必ずしも店子が要求する近隣の募集家賃と同等にしなければいけないわけではない。

現に継続中の賃貸借契約において改定される場合の賃料を「継続賃料」と呼んでいて、

「継続賃料」は、契約関係にある当事者間の経済合理性によってのみ決定される。

新規に入居者を募集する際の「新規賃料」とは別のものとして算定されるため、「隣の部屋と同じ家賃にせよ」という主張が必ずしも通るわけではないことは覚悟しておこう。

前記のケースで言えば、周辺相場家賃の8万円は新規賃料だから、店子がそれと同じにせよと主張はしても、最終的には、引っ越しをした場合の費用も考慮した9万円が「継続賃料」として採用される可能性が高いのである。

さて、何と言ってもいちばんやっかいなのが、家賃交渉そのものを完全に突っぱねてくるパターンである。来島氏は、このパターンにもさまざまなケースがあると解説する。

「難しいのは、やはり、法人が貸主になっているケースです。地主からアパートを一括借り上げして自らが貸主になっているサブリースは、大手になると、ほとんどが家賃交渉には応じません。はっきり『ご期待に添えません』と返事してくるところもあります。

投資ファンドがオーナーになっている物件も似たようなもので、なかなか交渉に応じてこない。あと、個人の大家さんでも、なかには自分が所有している物件が一番だと根拠のない自信を持っている人がいて、そういう人だといくら交渉しても、まったく譲歩してきません。5人に1人くらいの割合で、そういう人がいますね」

## 家賃下げの心得

●家賃交渉を開始するのは、2年に一度の契約更新を控えた時期がベスト。

●「更新のお知らせ」文書に対する返信として、「家賃減額請求」を文書で通知する。

●文書に盛り込むのは、①現行の家賃が周辺（できれば同じ物件の別の部屋）と比べ高いという事実と資料、②自分が希望する値下げ金額、の2点。

## ④「調停」と「更新拒否」という裏ワザ

### ——家賃下げ交渉の第四歩

### ●局面を打開する強力な交渉手段「調停」

どうして大家サイドは、「ノー」の意思表示をするのだろうか。

「家賃はいまの水準でも十分に安いはずだから、下げる必要はない」と考えているのか、それとも、単にがめつい大家で「家賃の値下げなんて損することはしたくない」のか。

個人の大家のケースは、その人の性格の要素もあるのだろうが、法人でなおかつ不動産のプロであれば、理性的な判断のもとに「ノー」と言っているのである。

いまやどこの大家も、一度空室になるとなかなか入居者がつかなくて苦労しているはず。「家賃値下げを拒否したら、出ていかれるかもしれない。いま出ていかれたら、何カ月も空室になるかもしれないし、新たに募集するときの家賃はかなり下げないといけない」などという不安を抱いてもおかしくないはず。それでも「ノー」と言っているのは、「家賃減額を拒否しても、店子は出ていかない」と踏んでいるからではないか。

言い換えれば、いまの部屋に住み続けたいからこそ、家賃交渉を持ちかけているわけで、そんな店子からの値下げの要求をいちいち相手にしていたらきりがない。断っても、店子は出ていかないはず。貸主はそうナメてかかっているからこそ交渉に応じないと考えるのが妥当だろう。

「こちらの様子を見ているんだと思うんですよ。どこまでやるのかと」と来島氏。

「どうせ、裁判に持ち込むわけではないから、放置しておいても問題なし。そのうちあきらめるだろう」と大家サイドは思っているに違いない。

確かに家賃をいくらにするかのキャスティングボートを握っている大家サイドが一度「ノー」と言えば、それ以上店子がいくら騒いだところで、店子の要望が通ることはない。かといって、訴訟を起こせる財力もない店子としては、家賃交渉を拒否されたら、もう出ていくしかないのか。

来島氏は、「そんなことはない」と、行き詰まった局面を一気に打開できる強力な交渉手段を教えてくれる。

「大家サイドが家賃交渉を拒否したら、調停に持ち込むんです。というか、大手のサブリースやファンドが貸主になっている場合は、スンナリ減額には応じてくれませんので、最初から調停まで持ち込むことを前提にしないと、家賃交渉は始められません」（来島氏）

「調停」とは、紛争が起きてそれを当事者間では解決できないときに、裁判所に申し立てを行なって解決する最も簡便な手段。通常の裁判のように判決は出ないものの、民間から選ばれた調停委員が間に入って、話し合いがまとまるように仲介してくれる。

「法的措置なんて大袈裟なこと、とんでもない」と思われるかもしれないが、調停だけなら、その申し立て手続きはいたって簡単で、費用もたいしてかからない。

166〜168ページを見てほしい。家賃減額請求の調停申立書の記入見本がこれ。申立人と相手方の住所・氏名のほか、家賃をいつからいくらにしてほしいかを書けば、あとの詳しい事情については、理由をマルで囲む程度でほぼ完了。これに、借りている不動産の登記簿謄本や賃貸契約書のコピーを添付して、地元の簡易裁判所に提出すればOK。かかる費用は、印紙代と切手代の数千円程度だ。あとは数週間後の決まった日に相手方を呼び出してくれるので、その日に出頭するだけ（第4章でプロセスを詳しく掲載）。

それでいて、正式な裁判所の手続きのため、調停で合意した内容は訴訟の判決と同じ効力を持つのが大きな特徴だ。

## ●調停に持ち込むだけでも意味がある

一方、調停のデメリットとしては、もし相手方が裁判所の呼び出しに応じなければ、それ以上の強制力はないため、交渉する気のない相手に、この手段はまったくなんの役にも立たないところだが、現実にはそうなるケースは少ない。

来島氏は、調停は、持ち込む行為そのものに意味があると言う。

「法人は別として、個人の大家さんの場合、調停といえども法的な手段に訴えられたら、それだけでかなりプレッシャーを感じるものです。それまでまったく交渉に応じなかったのに調停を申し立てたとたんに交渉に応じてくるケースは結構あるんですね。日本人はまだまだお上に弱いですから」

調停の申請を行なうと、相手方に「何月何日に出頭せよ」と突然の呼び出しがかかるため、交渉の手順としては事前に調停の申し立てをする旨を通告しておくのが礼儀だと言う。

「いきなりではなく、やはり、ワンクッションおいたほうがいいでしょうね。『調停に持ち込みますが、それまでも話し合いに応じないわけではありません』と手紙で知らせておくといいでしょう。私の経験でも、『調停に持ち込みます』と連絡したところ、大家から電話がかかってきて、『ちょっと待て。まさかそこまでやるとは思わなかった』と言って、すぐに解決したこともありました」

ちなみに、家賃に関する争いについて裁判を起こすためには、必ず先に調停を経ないといけない（調停前置主義と呼ぶ）ことになっている。そのため、申し立てた本人にはそんなつもりはなくても、調停から訴訟に発展するかもしれないと解釈する人もいる。

そんなめんどうなことになるくらいなら、店子の希望額どおりに家賃を下げたほうがいいと考える大家も、実は少なくないのである。

場合によっては、調停に至るまでに一件落着となるわけだから、相手のノーの返事であきらめずに、もうひとつアクションを起こしてみる価値は十分にあると言えそうだ。

## ●調停委員はいつだって店子の味方

実際に調停になった場合、相手方が出頭さえしてくれれば、店子にとって有利な展開に持ち込むことが期待できる。その理由を来島氏はこう解説してくれる。

「家賃値下げの事案は、家賃が下がらないと調停は成立しません。ですので、調停委員は、どちらかというと大家のほうを説得しにかかる傾向があるんです」

なるほど、調停委員は、公平にお互いの言い分を聞くとは言っても、つい立場の弱い店子の言い分のほうに耳を傾けてしまうわけだ。

「いつまでもそんな強情なこと言ってないで、もう５０００円くらい下げたらどうですか」などと、調停委員から迫られる大家にとって、調停の場は、「アウェー」で試合をしているサッカー選手みたいなものかもしれない。

さらに来島氏は、こんな裏事情まで教えてくれる。

「家賃に関する事件を扱う調停委員は、地元の不動産鑑定士がなることが多いんですね。調停委員になることは、不動産鑑定士にとっても非常に名誉なことで、３年の任期を４期以上務め上げると、かつては勲章がもらえたと言われています。この業界では、調停を数多く成立させた人が優れた調停委員ということになっていますから、そのためにも調停委員は、大家さんを説得して一件でも多く調停をまとめたがるわけです」

このしくみを知っていると店子は安心して調停にのぞめるわけだが、逆に、大家サイドからすれば、調停に出ていくのは、最初から不利。そのことがわかっているからこそ、簡易裁判所から呼び出しがあっても、一切出てこないケースがあるわけだ。

## ●割り切らないと、店子はバカを見る

店子にとって、調停という手段は、家賃交渉で大家をおおやけの場に引きずり出す、またとない機会である。にもかかわらず、この制度を積極的に活用する人はまだ少ない。

「うちに相談に来られる方でも、だいたい3人のうち1人は、調停と言うと、『いや、そこまではちょっと……』と引いてしまうんです。みなさん、大家との人間関係が壊れるのを極端に避けたがりますね」

その行動原理の根底には、日本人ならではの「大家といえば親も同然、店子といえば子も同然」という意識があるのかもしれないが、大家のほうはそんな意識は毛頭ない。大家にとって店子は、「契約どおりに家賃を払ってくれるアカの他人」としか認識していないだろう。

「相談に来られた方に、私よく言うんですよ。もし、あなたが困ったら、大家さんが家賃を待ってくれますか？　敷金の一部を貸してくれますかって。そんなことあるわけないでしょう。だから、店子も割り切っていかないといけないって言うんですが、なかなかそこまで理解してくれないです」

ちなみに、「家賃が高い」と、来島氏の元に相談に来る飲食店の店主たちのなかにも、

大家に強く出られずに、遠慮してしまう人は少なくないとか。そして、家賃交渉を途中で断念した店主ほど、数カ月後に訪ねていくと、店が潰れているケースが多いという。

できるだけ他人とは争わず、辛抱強く努力する人ほど、バカを見る世の中なのである。

## ●ウルトラC級の手法「更新契約書にサインしない」

さて、大家サイドが、店子の家賃交渉に対して頑な対応を取り続ければ、たとえ調停に持ち込んだところで、やはり家賃は１円も下がらない。

調停に持ち込む作戦は、個人の大家には、それなりにプレッシャーを与える効果が期待できるものの、専任の弁護士を抱えている不動産会社に対しては、たいした成果も期待できないかもしれない。

となれば、万事休す。数万円の家賃を減額するために、多額の費用をかけて訴訟に踏み切る選択肢はありえないため、調停が不調に終わった時点で、残念ながら店子の負け。

ところが、来島氏は、この期に及んでもなお抵抗を続けて、相手に譲歩を迫るウルトラC級の方法がひとつあると言う。

「家賃下げてくれないのなら、更新の契約書にハンコを押さないのもひとつの方法です。

更新の契約書が送られてきても、何もせず放置しておけばいいんです。そうすると、少なくとも、更新料は払わなくてよくなります。大家サイドは困るでしょうね。場合によっては、そこで折れてくるかもしれません」

契約書にハンコを押さないと、いま住んでいる部屋をすぐに出ていかなければならなくなるのではと、素人は考えるが、そこが大きな誤解点。

「合意がないまま、更新期限を迎えたときには、契約は従前の内容で自動更新されることになっているんです。更新後は、これまでどおりの家賃を払い続けなければなりませんが、更新手続きをしていないわけですから、更新料は払う必要がない。しかも、一度自動更新されますと、それ以降は期間の定めのない契約とみなされますから、今後二度と更新料を払う必要がなくなります」

更新をボイコットして、更新料を払わなくてよくなるとは、いったいどういうことなのだろうか。以下、順を追って解説していこう。

## ●「法定更新」を上手に利用する

最大のポイントは、店子と大家が合意もしていないのに、どうして契約が更新されるのかという点である。その秘密は、借地借家法第26条にあった。

**借地借家法第26条**（建物賃貸借契約の更新等）

建物の賃貸借について期間の定めがある場合において、当事者が期間の満了の一年前から六月前までの間に相手方に対して更新をしない旨の通知又は条件を変更しなければ更新をしない旨の通知をしなかったときは、従前の契約と同一の条件で契約を更新したものとみなす。ただし、その期間は、定めがないものとする。

２　前項の通知をした場合であっても、建物の賃貸借の期間が満了した後建物の賃借人が使用を継続する場合において、建物の賃貸人が遅滞なく異議を述べなかったときも、同項と同様とする。

３　建物の転貸借がされている場合においては、建物の転借人がする建物の使用の継続を建物の賃借人がする建物の使用の継続とみなして、建物の賃借人と賃貸人との間について前項の規定を適用する。

民法においては、一定の契約期間が過ぎれば、当然のごとく、その契約は終了し、再度契約を締結するかどうかは、当事者同士の自由な意思に任されている。

しかし、賃貸住宅の契約を通常の商取引と同じく扱うと、店子の生活に著しい不都合が生じる恐れがある。たとえば、これまでどおり住み続けたいと思っても、大家が「家賃は2倍に上げるけど、それでもいいなら契約する？」とふっかけるなどして、大家の胸三寸で、店子が住んでいる部屋を追い出される事態が頻発しかねない。

そこで、借地借家法第26条では、お互いに合意した内容を文書で交わしていなくても、期間満了を迎えたときには、例外的なケースを除いて、自動的に「従前の契約と同一の条件で契約は更新したものとみなす」とされているのである。

その例外的なケースとは、「期間の満了前の1年前から6カ月前まで」に以下のどちらかを行なった場合である。

・相手方に対して更新をしない通知
・条件を変更しなければ更新をしない旨の通知

家賃値下げと更新料の関係

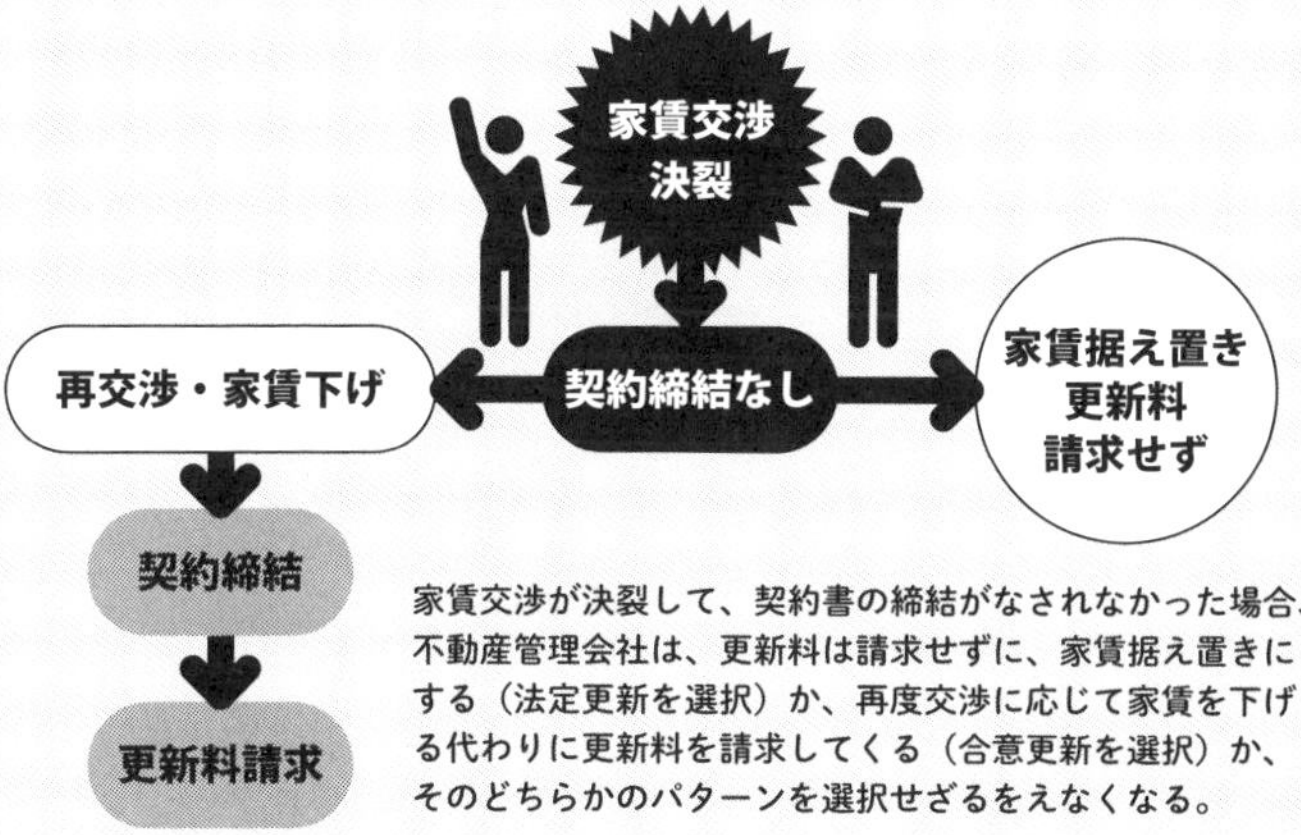


家賃交渉が決裂して、契約書の締結がなされなかった場合、不動産管理会社は、更新料は請求せずに、家賃据え置きにする（法定更新を選択）か、再度交渉に応じて家賃を下げる代わりに更新料を請求してくる（合意更新を選択）か、そのどちらかのパターンを選択せざるをえなくなる。

更新を翌月に控えた頃になって急に契約解除の通知をしたり、家賃値上げに同意しなかったら更新しないと通告しても、それは当然無効。かといって、延々と話し合いを続けていても決着つかないだろうから、とりあえず店子が困らないように、これまでと同じ条件で契約は更新されたことにしているわけだ。

ただし、26条第一項の最後に「その期間は定めがないものとする」と明記されているように、条件のなかでも唯一契約期間については、それまでは2年ごとであっても、自動的に更新された以降は期間の定めのない契約に移行する。

これが、いわゆる「法定更新」と呼ばれる

形態である。

じゃあ、「1年前から6カ月前まで」に、大家から「出て行って」と店子に通知さえしていれば、満了と同時に契約を終了できるのかというと、そんな単純な話ではない。

なぜなら、大家が更新を拒絶するには、借地借家法第28条で規定された「正当な事由」が必要とされているからだ。「とにかく気に食わないから出てけ」は通用しない。

さらに言えば、大家に更新拒絶の「正当な事由」があったとしても、期間満了後も部屋に続けて居座っている店子に対して、大家が遅滞なく異議を申し立てなかったときには、契約終了とはならずに、これまた法定更新されてしまう。

とまぁ、現行の借地借家法において、店子は家賃を払っている限りはいつまでも居座ることが許されていて、この法律は強行規定であるため、契約書でどんなに大家に有利な内容を加えておいたところで、それらはすべて無効となる。大家からすれば、「一度貸したら二度と戻ってこない」と言われるゆえんがここにあるわけだ。

## ●そのとき、更新料は払わないこと!

もうひとつのポイントは、法定更新すると、更新料の支払い義務がなくなることである。

いったい、なぜそうなるのか。

そもそも更新料は、新たに契約書を交わして、お互いにその内容に合意した場合（「合意更新」と呼ぶ）に支払うものだから、そういった具体的な合意がないままなされた法定更新では、なんら更新料を支払う根拠が存在しない。

前に交わした契約書のなかで、「契約を更新する場合は、更新料をいくら支払う」という具体的な条項が存在していたとしても、その記述内容は、あくまで通常どおり契約書を交わして合意更新をしたときにのみ有効で、無条件で成立する法定更新が行なわれたときには、そうした特約は無効であると解される（ただし、法定更新の場合も更新料を支払う旨が契約書に盛り込まれていると更新料は有効なケースもある）。

また、多くの場合、更新料は大家が受け取るものではなく、管理を任されている不動産屋が店子との更新手続きを代行する手数料として徴収しているものである。

したがって、実務的にも更新手続きが終わってもいないのに、不動産屋が更新料だけを店子に請求してくることはあまり考えられない。

更新料を請求するために、契約書の提出を求めてきたら、堂々とこう反論すればよい。

「まだ、家賃の減額についての話し合いが終わってませんよ。話し合いで合意できましたら、ちゃんと契約書にハンコ押して提出します」

相手方は、調停にも出てこないなど、こちらの話し合いを一切拒否しているわけだから、そのことをすべて棚上げして、一方的に契約書の提出だけを求めてくるのは筋が通らない。

更新料を請求したかったら、家賃交渉に応じて、正式な合意を取り付けるのが先決なのだから。

## ●住み続ける限り、更新料は払わなくてOK

家賃交渉が不調に終わったため、法定更新となった場合、大家サイドとしては、家賃を下げないでこのまま更新料をあきらめるか、それとも家賃を下げて、合意更新に持ち込む代わりに更新料を請求してくるか、どちらかの選択を迫られることになると来島氏は言う。

「これからずうっと家賃を下げるくらいなら、1カ月分の更新料をあきらめたほうが有利と考えるところが多いですね。そうすると、相手方は何もしてこないでしょう」（来島氏）

まったく家賃減額交渉に応じてこなかった大家に対しては、家賃交渉の合意ができるまでは更新料不払いにするという手段を使って、譲歩を迫ることが可能になるわけだ。

こうして一度勇気を持って法定更新をすれば、期間の定めがない契約に変更になるわけだから、以後、２年ごとの区切りはなくなって、その部屋に住み続ける限り、更新料は二度と払わずに済むという理屈である。

なお、期間の定めのない契約へと変更になった場合、退去する３カ月前までに大家に通告しなければならなくなるので、その点だけは注意したい。

法定更新した場合の更新料支払い義務については、いまのところ肯定と否定の両方の判例が混在しているのが実情である。

よって、訴訟に発展した場合、厳密に言えば、更新料を取られる可能性がまったくないわけではないのだが、大家サイドが訴訟を提起するためにも、調停を経ないといけない。そのときこそ、店子側から提案してきた家賃減額について、話し合わなければならなくなるだろうから、家賃を下げるチャンス再到来である。

## ●更新料を払わないで訴えられたらどうなる？【２０１８年10月追記】

「更新料の支払い義務」について誤解があるようなので、ここで整理しておきたい。

２０１１年７月の最高裁判決によって「更新料は有効」との判断が示された。じつは最高裁判決の数年前から「法的根拠がない更新料を請求するのは違法行為で無効である」との判決が各地で相次いでいた流れがあり、世の不動産事業者たちはいよいよ最高裁でも同じ判断が下されるのではないかと、戦々恐々として見守っていた。

不動産事業者たちの念頭にあったのは、サラ金の過払金請求である。

本来、法律で定められた利息制限法を超えた金利を取っていると違法なはずが、利息制限法超であっても、違反すると刑罰が課せられる出資法未満であれば、債務者が返済した分は返還しなくてもいいという「みなし弁済」を認めていた。この「グレーゾーン金利」で、サラ金は大儲けしていたのだ。

ところが、2006年1月に突然、最高裁が法解釈を厳密に行なって、この「みなし弁済」を認めない判決を出したことで、過払い請求が激増。訴訟になると貸金業者はことごとく敗訴。武富士をはじめとしたサラ金事業者は、壊滅的な打撃を受け、まるで氷河期に突入したときの恐竜のように、たった数年で次々と倒れていった（逆に、弁護士激増で瀕死寸前だったはずの法曹業界はおおいに潤った）。

もし、最高裁が「更新料は無効」などと判断したら、過払い金請求と同じく、過去にさかのぼって、日本列島のありとあらゆる賃借人たちから、すでに払った更新料を返せと一斉に請求されかねず、サラ金業者と同様、賃貸業界は大きな打撃を受けたはずだ。

## ●「更新料の支払い義務」は無条件で肯定されていない

ところが、結果は「消極的な肯定」だった。そして、賃貸事業にかかわる不動産事業者の利害関係者たちは、これを機に「更新料は支払い義務のあるもの」というキャンペーンを張り出した。ネット記事などでも、あっというまに「法定更新しても、更新料の支払い義務はある」という論調が定着した。

しかし、知っておきたいのは、このとき最高裁は、単に「更新料は有効」と認めただけで、「更新料の支払い義務」を無条件で肯定しているわけではないということ。

まず「更新料が有効」とされるのは、

①高額すぎない（1年更新で3カ月未満）

②法定更新の場合にも更新料は払うと契約書にあらかじめ記載されていた

の2条件を満たしている場合に限るという基準が示された。

ということは、契約書に明記されている1カ月分程度の更新料は、必ず支払う義務があると思いがちだが、現実には必ずしもそうとも言い切れない。

たとえば、家賃減額交渉を行なっていて、その交渉が決裂したために、やむなく更新料の支払いを猶予しているようなケースでも、裁判所が払えという判決を出すか、さらには更新料不払いを理由に契約解除を認めるかどうかは、かなり怪しいと言える。

もし、そのような店子敗訴の判決が出たとしたら、実質的に、弱い立場の賃借人を保護する借地借家法の精神を大きく逸脱してしまうからだ。これでは、法律との整合性がつかない。

サラ金の「みなし弁済」のときのように、事業者側が調子に乗って、債務者を次々と提訴すると、それまで「消極的な肯定」をしていたにすぎない裁判所が、弱い立場の賃借人を保護するために、突然、事業者側の契約手続きに、より厳格化を求める可能性も捨て切れない。

だから、サブリース大手も含めた大家サイドは、「更新料を払え」という「積極的肯定」を求めた訴訟は、まずしてこないのではないかと筆者はみている（サブリース大手が相手となった第4章の実例参照）。万一、敗訴となったとしても、その時点で更新料を払えば済むだけの話である（請求時からの金利が加算されるが、元の額が数万円なので、加算額はせいぜい数千円程度）。

こうした状況を踏まえ、不動産業界はよほどのことがない限り賃借人を提訴してヤブヘビになるよりも、「更新料は支払い義務あり」と声高に主張し続けることで、それを世間に受容させていく戦略をとっているのではないか。

ネットの記事などで、「更新料を支払わないと、裁判に訴えられたら必ず負ける」とか「契約で定められた更新料の支払を店子が拒否したら、契約解除される」などといった大家寄りの発言をする弁護士（不動産業界の利害関係者）も少なくないので、そのような言辞に惑わされないよう、くれぐれも注意したい。

また、以上のようなことから、店子サイドは、闇雲に更新料を不払いにするのではなく、家賃減額交渉を行なったうえで、「交渉が決裂したためにやむなく更新料の支払いを猶予している」というスタンスを取り続けることが重要であると言える。

## ●店子の流動性を促進するフリーレント

以上、家賃交渉の進め方ノウハウを詳しく見てきたが、こうした交渉ノウハウ自体、いずれはまったく意味のないものになってしまうかもしれない。

なぜならば、礼金、敷金などの初期費用の条件が緩和されていくなかで、家賃を下げてもらうために苦労して交渉するよりも、シンプルに家賃の安い部屋に引っ越したほうが、より確実に固定費をカットできるからだ。

すでに、競争の激しい激安ワンルームの世界では、敷金、礼金ともになしで、不動産仲介手数料半月分と家賃保証の保険料など最低限の費用だけの物件が激増している。ややこしいことを考えず1円でも安い家賃の部屋に移ったほうがオトクになりつつある。

さらに、店子の流動性を決定的に促進しているのがフリーレントである。

たとえば、近隣でフリーレント3カ月付きの物件があったら、あなたはどうするだろうか？　もし、敷金や不動産屋の手数料などに2カ月分かかったとしても、3カ月家賃がタダになるのなら1カ月分の家賃が丸まる浮くわけである。

いま住んでいる部屋の大家と交渉して家賃を安くしてもらう手間をかけるよりも、これから住む部屋の大家と交渉して、フリーレント付きの物件に引っ越したほうがはるかに話は早い。

一部の人気エリアだけは、旧来どおりの殿様商売が通用するかもしれないが、その他大勢の地域は、人口減少が進んでいくなかで、好条件を提示した客の奪い合いがますます熾烈になっていくのは間違いない。

## ●貴重な収益源「更新料」を手放せない不動産屋

すでに消えつつある礼金に続いて、次になくなっていくのは、更新料だろう。

大家としては、長く住んでくれたほうが空室にならずありがたいはずなのに、更新料を取る行為がそれを阻害しているのだから、自分で自分のクビを絞めているようなもの。にもかかわらず、なぜいまだに更新料を取っているのか。

来島氏は、大家よりも不動産業界の事情が大きいと話す。

「不動産屋にとって、更新料は、手間がかからずに2年ごとに自動的に入ってくる貴重な収益源なんです。一括借り上げしているサブリースにとっても、礼金が取れなくなったいま、更新料は利益の少なからぬ部分を占めています。２０１１年7月の最高裁判決では、一応、更新料は有効とされましたが、もしそれまでの無効の判決が続出していた流れがそのまま反映されていたら、サラ金の過払い請求と同じく、更新料返還請求が相次いで、多くの不動産管理・運営会社が立ち行かなくなったでしょう」

司法判断でかろうじて存続がセーフとなった更新料も、「取られるなら、出て行く」と言い出す店子が増えてくれれば、それを取るところほど空室が多くなっていくのだから、やめざるをえないだろう。

貸手が優位な時代にできあがった慣習は、借手市場に変わることで、ことごとく破壊される運命にあるのである。

## ●客を囲い込み始める賃貸業界

これまで店子を簡単に引っ越しさせないように縛り付けていた敷金や礼金などの条件が緩和されることによって、より家賃の安い物件への動きは活発になるはずだが、そうなってくると、賃貸業界もできるだけ長期契約に持ち込んで客を囲い込む方向に進むだろう。

携帯電話をはじめとした通信キャリアの料金体系を思い起こしてほしい。同じキャリアとの契約を長く継続するのは、割引き料金プランの〝縛り〟があるためであり、その〝縛り〟が解ける瞬間に、別のキャリアに乗り換えてオトクな料金プランになることを期待する人も多い。

一方で、賃貸住宅の場合、これまでは2年契約してもなんの優遇もないどころか、さらに長く契約するためには、客のほうが更新料まで払わねばならなかったのだから、何をかいわんやである。

しかし、賃貸業界でもそういった状況がようやく変わりつつあり、携帯電話と同じ流れが少しずつ現れ始めている。

入居後の一定期間家賃を無料にするフリーレントは、携帯電話の割引きプランに相当する優遇サービスだ。入居後、2~3カ月程度家賃を無料にする代わりに、最低1年間は店子から解約できない縛りを設けたり、あるいは入居後、6カ月家賃を無料にする代わりに、通常2年契約のところを3年契約と長くする、または店子から解約するときには、6カ月前までに申し出ないといけない（または解約通知後6カ月後に退去）といった縛りを設ける契約になることもある。

携帯電話の「機種変更」にあたるのが、新築物件への引っ越しである。

古い機種から新しい機種に変更しても、機種本体の分割代金を含めた料金プランは、古い機種を使っているときと変わらないか、安くなるのならとだれもが新しい機種へと乗り換えるのと同じように、家賃が同じでフリーレントまでつけてくれるのなら、築20年のアパートから近隣の新築物件へと引っ越ししないとソンである。

賃貸住宅の世界には、ＭＮＰ（モバイルナンバーポータビリティ）こそないが、長期の契約を結ぶことでより有利な特典を得られる点は、携帯電話の業界に近づきつつある。

家賃交渉が苦手な人は、そういった新規乗り換えによる優遇措置をうまく活用して、住居費負担をより確実に安くしていくのが賢明だろう。

## ●新しく契約する者の強み

部屋を探している店子の強みは、空室を前にして「私がいまここに引っ越してくるのをやめたら、近いうちにほかの人が入居してくる保証はどこかにあるの？」と言えること（実際に、そう言葉に出して言うかどうかは別として、立場的にはそう強く出られる状況にあるという意味）。

大家サイドからすると、春の引っ越しシーズンが終わっても埋まらなかった部屋は、下手すると翌年春まで、1年空室のままになってしまう可能性すら否定できない。

だったら、3カ月間家賃無料にして、いますぐ入居してもらったほうがより確実に空室率を減らせる。そう大家が考えてくれるから、フリーレントは成立するのである。

したがって、人と同じ引っ越しシーズンに部屋を探すよりも、それが終わった季節外れの時期になってから、本格的に部屋探しをするほうが〝得する料金プラン〟にありつきやすいと言えるだろう。

賃料増減請求のフロー

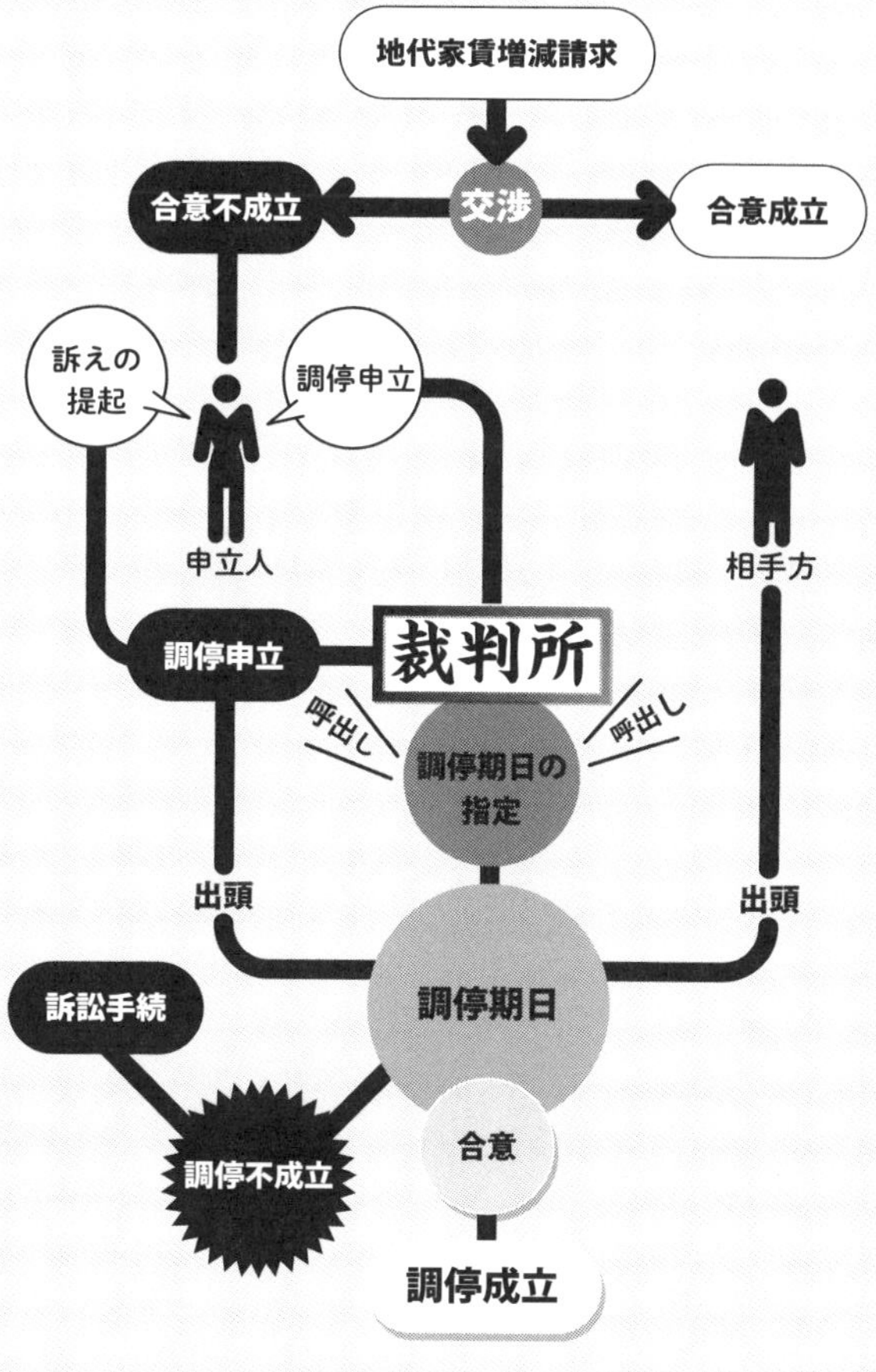

地代家賃増減請求
交渉
合意不成立
合意成立
訴えの提起
調停申立
申立人
相手方
調停申立
裁判所
呼出し
呼出し
調停期日の指定
出頭
出頭
調停期日
訴訟手続
調停不成立
合意
調停成立

気に入った部屋があれば、フリーレントをつけてくれないか、不動産屋を通じて大家と交渉してみるのが先決である。賃貸サイトのこだわり条件検索で「フリーレント付き」物件を出してもいい。

そうして新しく契約する者の強みを最大限に活かすのが、より住居費を安く抑えるコツである。

フリーレントの損得を見極めたいときは、契約期間中の総額で比較するのが効果的だ。たとえば、フリーレント6カ月付きなら激ドクと早合点しがちだが、その分家賃が相場よりもかなり高いうえ、契約期間の3年未満で退去すると違約金が取られたりする。そこで、3年間に払う30カ月分の家賃と、もっと安い家賃で36カ月分払ったケースと総額比較してみれば、どちらが有利かは一目瞭然だろう。

ひたすら「比較すること」によってのみ、生活コストは下がるのである。

## 家賃下げの心得

●大家が値下げ拒否の場合、地元の簡易裁判所に「調停申し立て」を。

●「調停」にかかる費用は数千円程度、あとは数週間後に一度、裁判所に出頭するだけ。

●調停委員は大家を説得にかかる可能性が高く、減額交渉がうまくいく可能性大。

●更新の契約書にハンコを拒否すると、「借地借家法」にもとづき契約は法定更新され、結果的に更新料は支払わずに済む。

## 記載例

①〜③については、所轄の簡易裁判所に問い合わせてから記入

簡易裁判所が指示した②の金額に相当する収入印紙を貼る（割り印はしない）

| | |
|---|---|
| 調停事項の価額 | ① 円 |
| ちょう用印紙 | ② 円 |
| 予納郵便切手 | ③ 円 |

印紙欄
（割印はしないでください）

宅地建物
受付印

（賃料等）

# 調停申立書

簡易裁判所　御中

| | |
|---|---|
| 作成年月日 | 平成　　年　　月　　日 |
| 申立人 | 住所（所在地）（〒　　－　　）<br>氏名（会社名・代表者名）<br>TEL　－　－　FAX　－　－ |
| 送達場所等の届出 | 申立人に対する書類の送達は，次の場所に宛ててください。<br>□ 上記住所等<br>□ 勤務先　名称<br>〒<br>住所<br>TEL　－　－<br>□ その他の場所（申立人との関係　　）<br>〒<br>住所<br>TEL　－　－<br>□ 申立人に対する書類の送達は，次の人に宛てて行ってください。<br>氏名 |
| 相手方 | 住所（所在地）（〒　　－　　）<br>氏名（会社名・代表者名）<br>TEL　－　－　FAX　－　－ |
| 相手方 | 住所（所在地）（〒　　－　　）<br>氏名（会社名・代表者名）<br>TEL　－　－　FAX　－　－ |
| 申立ての趣旨 | （該当する数字を○印で囲んでください。）<br>相手方　は，申立人に対して，<br>1　賃料を，平成　　年　　月分から<br>〔(1) 月額金　　円　(2) 相当額〕に増額する<br>2　賃料を，平成　　年　　月分から<br>〔(1) 月額金　　円　(2) 相当額〕に減額する<br>3　未払賃料金　　円を支払うこと<br>との調停を求める。 |

住所、氏名、電話やFAXがある場合にはその番号を書き、氏名の横に認印を押す。

裁判所から書類を送る場合に、どこに宛てて送ってほしいか、希望する場所（送達場所）の□をレ点でチェックして届け出る。以後、裁判所からの関係書類はこの届出場所宛てに送られてくる。勤務先に書類を送ってほしい場合には、「勤務先」をチェックし、勤務先名称とその住所を書く。
住所でも勤務先でもない場所（父の家など）に書類を送ってほしい場合には、「その他の場所」をチェックし、「申立人との関係」の部分に「父の家」などと、その場所との関係を書き、その住所を書いておく。

上記の届出場所において、あなたの代わりにあなた宛の書類を受け取るべき人（送達受取人）を届け出る場合には、ここをチェックし、その人の氏名を書いておく。この届出をすると、以後、裁判所からの関係書類は、送達受取人に宛てて送られてくることになる。

相手方の住所、氏名、電話やFAXの番号がわかっている場合にはその番号を書く。相手方が会社であるときは、商業登記簿謄（抄）本又は登記事項証明書を見て、会社の所在地、会社名、代表者の氏名を書き、また、電話やFAXの番号がわかっている場合にはその番号を書く。

賃料の改定額をいくらにしたらよいか分からないときには、ここを○印で囲んでおく。

**調停の申立書は、わかるところだけ記入して、わからないところは住所を管轄する簡易裁判所へ持って行って聞くのが手っ取り早い。**
**書式は、裁判所（http://www.courts.go.jp/index.html）からダウンロードできる。**

# 紛争の要点

1　賃貸借契約の内容

| | | | | | |
|---|---|---|---|---|---|
| (1) | 契約当事者氏名 | 賃貸人 | | 賃借人 | |
| (2) | 賃貸（借）物件 | 別紙物件目録記載のとおり | | | |
| (3) | 賃貸（借）日 | 平成 ○ 年 ○ 月 ○ 日 | | | |
| (4) | 期間 | ○ 年 | | | |
| (5) | 賃料 | 1か月金　○○○○円<br>（平成 ○年 ○月 ○日から） | | | |
| (6) | 連帯保証人氏名 | | | | |
| (7) | 特約 | | | | |

現在の賃料になった日を書く。

現在の支払い方法等に関して特別に約束したことを書く。

2　賃料改定の理由（該当する数字及び箇所を○印で囲んでください。）

| | |
|---|---|
| (1) | （土地・建物）に対する税金が（上・下）がった。 |
| (2) | （土地・建物）の価格が（上・下）がった。 |
| (3) | 近隣の（土地・建物）と比較して賃料が（低・高）額である。 |
| (4) | その他（具体的に書いてください。） |

3　未払賃料

平成　　年　　月分から平成　　年　　月分まで合計金　　　　円

4　供託の有無（該当する箇所を○印で囲んでください。）

（相手方　・申立人）は，　平成 ○ 年 ○月分から毎月金 ○○○円を ○○○法務局　　　　に供託している。

5　その他

| | | |
|---|---|---|
| 添付書類 | 賃貸借契約書写し ○通<br>評価証明書 ○通 | 不動産登記簿謄(抄)本又は登記事項証明書 ○通<br>商業登記簿謄(抄)本又は登記事項証明書 1通 |

証拠書類となる賃貸借契約書などがあれば、その写しを添付。

申立人又は相手方が会社の場合には、その会社の商業登記簿謄（抄）本又は登記事項証明書を提出。

別　紙

# 物　件　目　録

土　　地
所　　在
地　　番
地　　目
地　　積
上記土地のうち　　の部分　　平方メートル

建　　物
所　　在　○○県○○市○○町○丁目○番○号
家屋番号　　○○○番
種　　類　居宅
構　　造　　木造　瓦葺　2階建
床面積　　1階　45　平方メートル
　　　　　2階　30　平方メートル

上記建物のうち　　階　　号室　　平方メートル

登記簿謄（抄）本、登記事項証明書、登記済証などに基づいて書く。

土地・建物が複数の場合に書く。

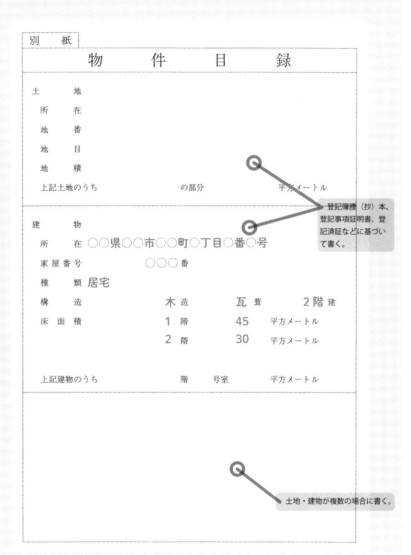

第4章　実録交渉ドキュメント「大家さんと闘う僕」

本書改訂前の『家賃を2割下げる方法』は、非常に特異な本だった。何が特異かというと、売れ行きは、いまひとつ伸びなかったにもかかわらず、アマゾンなどの読者レビューの評価が異様に高いのである。

いわく『本のとおりやってみたら、本当に下がりました』『〇万円下がりました』などなど、まるで健康食品やダイエット商品の「感謝の手紙が続々！」のごとく怪しげな宣伝文句みたいになってしまうほどである。

この本には、特別なことは、なにひとつ書いていない。「不動産のプロにとっては、当たり前のことしか書いてない」との感想がいちばんしっくりいく。

そんな「プロの常識」を、一般の賃借人が実践すると、いとも簡単に家賃が下がるのだから、いかに多くの人たちが相場よりも高い家賃で我慢しているかということの証左ではないか。

だが、そうしたレビューに甘んじることなく、紹介してきたノウハウが本当に役に立つかどうかは、もう少し厳しい条件でキッチリと検証してみたいと、かねてより思っていた。

そんな折、前著の担当編集者N氏（40代前半・妻子あり）が「人柱」＝実験台となって、拙著の家賃値下げ交渉ノウハウを実践してくれると言い出したのだ。

本書の冒頭にも書いたように、実は、あらかじめN氏が家賃交渉のプロである来島氏に相談したところ、来島氏からは彼の条件では、「家賃下げは、かなり困難」との〝逆太鼓判〟を押されていたのだった。

理由は、交渉の窓口になることが予想される大手ハウスメーカー系列のサブリース会社が、交渉相手としては手ごわいことで有名であったためだ。

そこで本章では、改訂するにあたって、プロでさえ、戦う前から戦意喪失しかねないほど手ごわい相手に、ズブの素人が挑戦してみた体験談を掲載することにした。

以下は、できるだけご本人の言葉を活かして、そのときの生の様子をお伝えしよう。

## ① 本当に「家賃が下がるのか」実践してみた！

### ●まずは「値下げのお願い」を送付

「2013年7月に『家賃を2割下げる方法』を出したとき、担当編集者として、どうしてもやりたかったのは、この本のとおりにやったら、本当に家賃は2割下がるのかを実証することでした。しかし、残念ながら、本の製作中には、拙宅の更新がかなり先だったため、忸怩《じくじ》たる思いで『実践』を見送っていました」と振り返るN氏。

そして、刊行から6カ月を経て、いよいよ自宅の契約更新を迎えた彼は、大家から管理を任されている不動産会社と家賃下げ交渉を実践することになった。

**《N氏の基本データ》**

住所：東京・江東区、どちらかといえば下町

駅徒歩５分。都心部までＪＲで20分程度
タイプ：ファミリー向け戸建賃貸２ＤＫ60平米
賃料：14万３０００円
入居時期：２００８年1月
交渉時の居住年数：６年

都心にほど近いファミリー物件で、もともとの家賃が高額である。周辺の家賃相場からみれば、明らかに1割以上は高い。すでに6年も住んでいることを考えれば、次回の更新時には、是が非でも家賃交渉すべき局面と言える。もし交渉が決裂したら、裁判所の調停まで持ち込むシナリオは、十分描ける案件だと言えるが、いかんせん先述したとおり、交渉相手は手ごわい。

そこでＮ氏はまず、交渉文例にそって「家賃値下げ依頼書」を作成。諸状況を考慮した結果「２割値下げ」を要求することとし、次ページに掲載したような手紙を不動産屋宛に郵送したのだった。

家賃値下げ依頼書

[redacted]

拝啓
時下ますますご清祥のこととお喜び申しあげます。お送りいただきました契約更新を拝見しました。契約については更新を考えておりますが、その際に家賃の改定をお願いしたく存じます。２００８年１月に入居以来、これまで家賃の改定は行なわれておりませんが、その間、リーマンショックなどで地価・家賃相場ともに下がっております。つきましては、今回の更新にあたり、現在の14万3000円より、２割ほどの値下げをご検討いただけないかと思っております。
ご多忙のところ恐縮ではございますが、昨今の厳しい経済状況もご考慮いただき、ご勘案のほど、よろしくお願いいたします。　敬具

２０１３年１１月２９日

[redacted]

## ●通知が届いていない？

それまで、不動産屋と交渉した経験などまったくなかったN氏にとって、いきなり家賃値下げを要求する手紙を送りつけるのは、かなり思い切った行動だったはず。内心ドキドキしながら、不動産会社からの返事を待ったに違いない。

ところが、先方からは待てど暮らせどなんの返事もない。時間だけが経過していく。数日後、しびれを切らしたN氏は、こちらからアクションを仕掛けた。

「向こうからなんの連絡もないので不動産屋に電話をして、『家賃値下げのお願いというのを送ったんですけど、検討していただけましたか？』と尋ねたところ、『そういう手紙

はいただいていないんですが……』と担当者に言われたんです」

彼の記憶をもとに、そのときのやりとりを再現してみよう。

「いや、1週間ほど前に間違いなく送っているんですけど……」

「いえ、でもこちらには届いていませんから」

こうなると、もはや水掛け論。N氏は、書留で送っておくべきだったかなあと後悔しながらも、もどかしい気持ちを吐き出すかのように、ズバッとこう結論を述べたのだった。

「要は、家賃を2割下げてほしいということなんですよ」

いきなり電話して、なかなか言えないセリフだが、送ったはずの手紙が「届いてない」と否定されたため、自然と出てきた感情の発露なのだろう。

だが、意外にも、担当者から返ってきたのは、いたって事務的な言葉だった。

「2割というのはいくらなんでも難しいと思いますが……。でも一応、大家さんにその旨、交渉をしてみますので少しお待ちください」

「たまに近所ですれ違って会釈を交わす、人のよさそうな大家の顔が浮かんできましたが、『いやいやこれは、法律で定められた店子にとって当然の権利なのだ』と自らに言い聞かせましたよ」と、人のよさそうな大家以上に人のよいN氏だった。

## ●不動産屋からの返答

それから数日後のこと。N氏のもとに、待ちに待った不動産屋からの電話がかかってきた。

「家賃値下げの件、大家さんと交渉したんですが、やはりご希望にはお応えできかねます」

結果は、思いもよらぬゼロ回答だったのだ。さぞや落胆したのでは？

「いえ、まったく。ここまでは当然、想定内ですから、私も泰然としたものでした。すぐにズバッとこう言いましたよ」

「それでは、裁判所に調停を申し立てますので、よろしくお願いします」

「いやぁ、『訴えますよ』って、人生で一度は言ってみたい、憧れのセリフじゃないですか？」と、一世一代のタンカを切ったつもりのN氏だったが、今回もまた、不動産屋の担当者は、淡々とこう返してきたと言う。

「はい。そうですか……。で、契約更新はされるんでしょうか？」

一世一代のタンカを切ったはずなのに、それがスルーされて、完全に肩透かしをくらった格好になってしまったわけだ。

「エッ！　水戸黄門が印籠出してるのに、軽く受け流す悪代官なんている？　ここは一瞬ひるんで言葉に詰まるのが礼儀ってもんなのに、何この手応えのなさ（笑）、そんな気持ちでしたね」

とはいえ「契約更新はされるんでしょうか？」との問いに「人の話聞いてんのかい！調停するって言ってんだろ!!」とブチ切れるわけにもいかずに、気を取り直して、N氏は、こう返したのだった。

「します。します。契約更新はするんですけどね」と言い、最後にこうつけ加えることを忘れなかった。

「その前に調停をしますから」と。

結果的に、これが殺し文句になったと言っていいだろう。

「はあ、そうですか。では契約更新はされる、ということでお待ちしております」と担当者は、N氏の言うことがまったく飲み込めていない様子。

こうして終始、話が噛みあわないまま、電話は切れたのだった。

## ●「調停」への思わぬ障壁

突然「調停」という「法的手続き」を取ることに、ためらいはなかったのだろうか。

「調停は、簡易裁判所に書類を提出するだけなので、難しくは考えていませんでした。調停の申立書は裁判所のホームページからダウンロードでき、あとは本を参考に書き込んでいけばいいし、わからなければ地元の簡易裁判所で聞けばいいと思っていました」（N氏）

しかし、裁判所のホームページから書類をダウンロードして記入している彼の背後からこんな声がかかった。

「ホントに調停なんてして、大丈夫なんでしょうね」

声の主は、ことのなりゆきを注視しながら、心配していたN氏の奥さんである。

「法律で認められた当然の権利を行使するのに、負けるわけがない。ガタガタぬかすなら、出るとこ出てやるよ！」

「振り向きざまズバッーンと、そう言ってやりましたよ」とのたまうN氏だが、真相は、まったく違っていたようだ。恐妻家、もとい愛妻家であるN氏の自宅では、以下のような会話が交わされたであろうことは、想像に難くない。

「う、うん。心配しないで……。本に書いてあるとおりにやることだから、たぶん大丈夫だと思うよ……（汗）」

「じゃあ、出ていけ、なんてことにならないんでしょうね？」と奥さん。

「心配ないさ。借地借家法では借り手の権利が手厚く保護されているから、突然出ていけなんてことにはならないよ（たぶん）」


ここまでお読みになった方は、裁判所の調停では「調停委員」という人があいだに入っての交渉が行なわれることはすでに頭に入っているはず。

家賃問題の調停委員は不動産鑑定士が就くことが多く、調停をまとめるため、貸主側へ譲歩を迫ることが多い。そんなことから、調停に持ち込むことさえできれば、店子サイドはかなり有利な交渉を進められる。

冷静に考えれば、実際にそうするかどうかは別として「裁判所に調停を申し立てます」と思い切って通告したN氏の言葉によって、大家サイドにとっては決して無視できないボールを投げられたことになる。

なぜならば、何もせずにそのまま放置しておくと、万が一にも、裁判所という名の「白州《しらす》」に大家が引きずり出されたあげくに、「家賃下げなさい」と屈辱的な審判が下されないとも限らないからだ。

## ●急転直下の不動産屋からの申し出

案の定、しばらくすると、再度交渉の場面がやってきた。一度も大家にも不動産会社担当者にも会うことなく、電話だけで交渉決裂したN氏のもとに再度電話があったのだ。

当時、スマホ急速普及のなか、完全に時代に取り残されつつあったN氏のガラケー画面に、コール信号と、見たことあるような電話番号が表示。

「この番号って誰のだったっけ?」と思いながら、N氏が電話に出たところ、意外な展開が待ち受けていた。以下、再現映像ならぬ、再現一問一答をお届けしよう。

「××不動産の〇〇です。先日おっしゃっていた調停申し立ての件なのですが、まだ手続きはされていませんか？」

「おお、なんだなんだ、これはどういうことだ」と戸惑いながらも、改めてこうきっぱりと宣言するN氏。

「いえ、まだですが、書類はすでに準備できていますよ」

すると、いつもの淡々とした口調ではなく、やや丁重な調子で、不動産屋の担当者がこう切り出してきたのだった。

「その件なのですが、もう一度大家さんにかけあってみますので、調停申し立てはもう少しお待ちいただけないでしょうか」

（あれっ？　前回とはかなり態度変わったかな）

あれほどアゲインストだった風向きが、突然変わりつつあるのを感じるN氏。しかし、そんな感情の起伏はおくびにも出さず、こうキッパリと宣言したのだった。

「いや、もう調停申し立ては決めたことなんで……」

そう言われて焦る担当者は、こう食い下がった。

「いえいえ、私のほうでも大家さんになんとかならないか交渉してみますので、少しだけお時間をください」

そして、言い訳するように、こう続けたのだった。

「先日お送りいただいたというお手紙が書類に紛れて見つかったのです。これも大家さんに見てもらって交渉しますので、調停はお待ちいただくということで……」と、汗を拭き拭き弁明する姿が目の前に立ち上がってくるような対応だった。

ゼロ回答でしょげていたN氏にとって、「大家と交渉してみる」は、願ってもない申し出だったはず。なのに、数分前までの弱気から一転して、急にイジワルな気持ちがムクムクと湧き上がってきた。

「いや、この際、調停したほうがお互いにすっきりするし、面倒じゃなくていいんじゃないですか？」

このあたりで、完全に形勢逆転である。

「そんなにお時間はいただきませんから、もう一度だけ交渉させてください」

それまでは、常に上から目線、事務的な口調だった担当者が、ついに下手に出て懇願し始めたのだから、交渉ごとというのは、やってみないとわからない。

そう言われたN氏は、余裕たっぷりでこう言い放ったのだった。

「わかりました。人にはそれぞれ立場というものがありますからね。そこまで言われたら仕方ありません。しばらく待ちますので、一度、大家さんと交渉してみてください」

## ●更新料値引きで決着

それからさらに数日後のこと。家賃値下げ要求を突き付けたＮ氏に対して、「再検討する」と約束した不動産屋からの次の電話はこういうものだった。

「大家さんとは、家賃保証という契約になっており、家賃の値下げは難しいので、今回の更新料を半額ということでいかがでしょうか？」

家賃は下げないけれども更新料を半額にするということは、金額に換算すると、７万１５００円の値引きである。２年契約なので、毎月の家賃に換算すると、７万１５００円÷24カ月＝月額２９７９円の値下げということになる。

「それって、何割引き？」と即座に計算しようとするＮ氏。

「こういうときって何を何で割るんだっけ？『とりあえず検討して折り返します』と答

え、電話を切りました。ええっと、値下げ額を家賃で割ればいいんだから、２９７９÷１４３０００＝０・02でよかったんだっけ？　０・02ということは……２％？」

Ｎ氏も本音では「絶対に２割下げなきゃ調停！」とも思っていないが、それにしても目標はほど遠い。ちなみに前出の来島氏によると、こうした大家サイドの譲歩は、家賃調停の場において先方を有利にさせるとのこと。「大家はすでに譲歩してるではないか」と。よって油断は禁物。

「それでも仕方ないかなぁ」と考えていたというＮ氏だが、このまま０・５カ月の更新料金を払うだけで交渉妥結なら、いまひとつオトク感がない。

そこで、自ら不動産屋に電話を入れ、思い切ってこう言ってみたのだという。

「それでは更新料５万円で決着させませんか？」

整理しておくと、大家側は本来、家賃１カ月14万３０００円の更新料を、その半額７万１５００円にまけると譲歩していたのだが、Ｎ氏はさらに値引きした５万円ポッキリにしてほしいと逆提案したわけだ。トータルで９万３０００円の値引きである。

そして、今回も、さりげなくこう付け加えることも忘れなかった。

「ダメなら調停ということで」

この言葉こそが、一連の交渉において、伝家の宝刀、リーサルウェポンとして大きな威力を発揮したのは間違いない。みなさんも、ぜひ一度口ずさんでいただきたい。

「ダメなら調停ということで」

担当者は「わかりました。持ち帰って検討させていただきます」と言い残し、電話は切れた。

決め台詞をズバッと告げ、そのあまりの気持ちよさにしばし打ち震えるN氏。そして、そのわずか15分後に折り返しかけなおしてきた不動産屋は、こう伝えたのだ。

「更新料５万円で結構です」

「わかりました。それでは契約更新をさせていただきます」とN氏。あっけない幕切れ。これで万事決着である。

N氏は一度手紙を出し、あとは何度か電話でやりとりしただけ。本来ならば、更新料として1カ月分の家賃14万３０００円を払わねばならなかったところ、５万円で済んだわけで、結果的に浮いたのは９万３０００円である。

残念ながら家賃そのものの値下げは叶わなかったものの、最も手ごわい相手と懸念されていた不動産会社と、まったくの素人が対等に渡り合って、これだけの金額を浮かせたのだから、これは特筆に値する。

もちろん、何年も住み続けた結果、世の中の経済状況や物件の経年劣化等による周辺相場との大きな乖離ができていたからこそ可能になったわけで、周辺相場並みなら、いくら交渉しても有利な条件変更を引き出せなかっただろう。

## ②もし調停に持ち込んだら…

### ●ついに調停にチャレンジ

さて、ここまで読んで、もしそれでも大家サイドが店子の要求をつっぱねたら、どうしたらいいのと思った人も多いはず。本当に、調停に持ち込むのかと。

実は、さらにこの2年後、N氏は再び更新を迎え、交渉決裂して調停本番も体験しているのである。

そのときの模様も、簡単にレポートしておこう。

2016年に再び更新時期を迎えたN氏にとって、2回目の家賃交渉のスタートである。

「先方から、どのようなかたちで連絡があったのかは記憶にないんです。更新料支払いの通知が来たのか？　こちらからあらためて家賃下げの要望書を出したのか？

ただ、不動産会社側と家賃の値下げ交渉を電話でやりとりして、決着がつかず、調停に持ち込むことになったのだけは、明確に記憶しています」とN氏。

そうして２０１７年1月7日、地元の簡易裁判所支部へ行き、賃料調停の申請書を提出。

「申請書の書き方については窓口の人が親切に教えてくれました。印紙買ってきて貼って提出まですべて含めて30～40分でした」（N氏）

その後の展開は、驚くほど早かった。書類を提出してから、数日後の1月某日、簡易裁判所から電話があり、「2月×日に調停を行なう」と連絡があったという。

そしていよいよ当日の2月某日、指定された簡易裁判所支部へ出向いたN氏を待ち受けていたのは、調停委員3名と、不動産会社側（以下、S社）は弁護士1名に社員3名だった。

出席の手続きをした後、指定された部屋番号の前で待っていると、名前を呼ばれて入室するN氏。3人の調停委員から質問され、それに答える形で主張を展開した。

「まずは、私だけでこちらの主張をしていったん退室しました。向こうもその後、入室して調停委員と話をしています。S社側としては、この場所でこの家賃なら、退去後もすぐに入居者は決まるため、家賃を下げる必要はない、という主張をしたようです」

調停委員いわく「前回、S社側もよく更新料を下げたと思います」とのこと。

調停委員の雰囲気からは、多少分が悪いかとも感じたN氏だったが、今回もゼロ回答に納得できず、「ゼロ回答だったら、裁判やらせてもらいますんで！」と言い放ったと言う。

そして、次回の期日が指定されて第1回目は終了した。

## ●調停不成立に

2回目の調停は、3月某日に開催された。

「前回と同様、部屋に入ってこちらの主張をしたあと、S社（4名）が入って向こうの主張をしました。調停委員からは「（S社は）相当、強硬です」と告げられましたが、そのころは私も意地になっていたので、『それなら裁判やります』と答えました」

こうなったら、もはや調停委員の出番はない。説得したところで、どちらもまったく譲る気配はないのだから。

最後は、両者が室内に入って、裁判官が「これで調停不成立とします」と宣言。

「そのタイミングでS社側の弁護士に『これで法定更新になりますね？』と聞きましたら、『法定更新されます』という返事が返ってきました。私はその場で先方に『それでは更新料は支払わないことにします』と宣言しました。向こうは同意するわけでもなく、反論するわけでもなく、なんとも言えない表情をしていました。S社側が退室したあと、裁判官と調停委員に『どうですか、この作戦？』とコメントを求めましたら、『われわれの立場からは何も言えません』とのことでした」と、余裕で振り返るN氏。

「調停不成立証明書」の現物

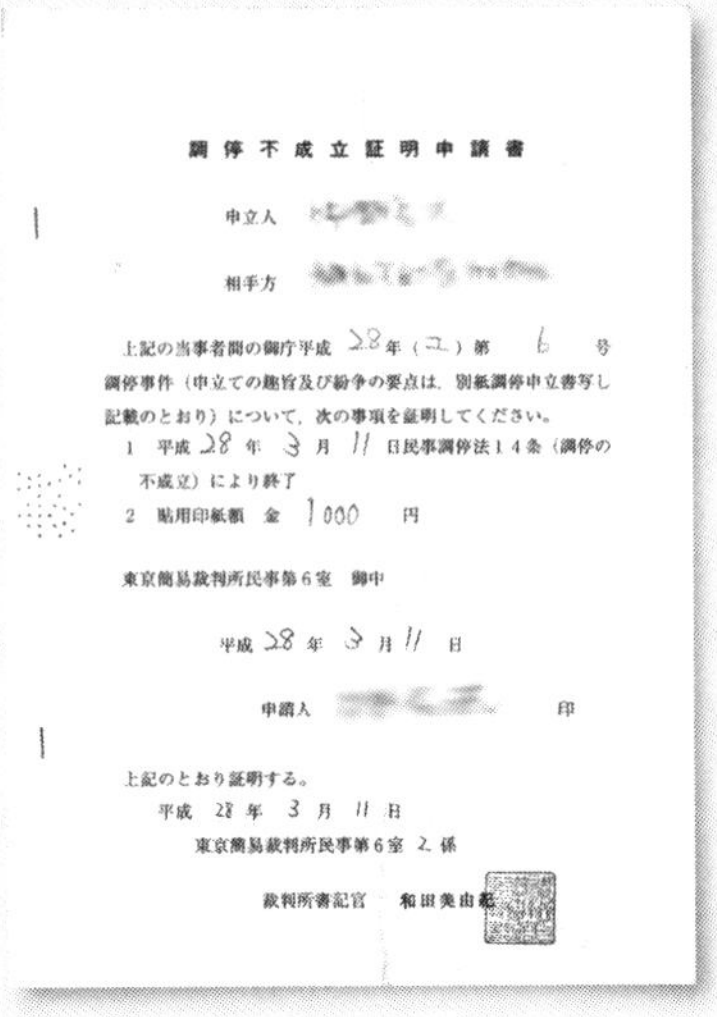

調停不成立証明申請書

申立人

相手方

上記の当事者間の御庁平成28年（ユ）第6号調停事件（申立ての趣旨及び紛争の要点は，別紙調停申立書写し記載のとおり）について，次の事項を証明してください。

1 平成28年3月11日民事調停法14条（調停の不成立）により終了

2 貼用印紙額 金1000円

東京簡易裁判所民事第6室 御中

平成28年3月11日

申請人 印

上記のとおり証明する。

平成28年3月11日

東京簡易裁判所民事第6室 2係

裁判所書記官 和田美由紀

「ここまで来たら訴えてくるかもな」と思ったものの「そのときはそのときだ。受けて立とう」と思い直したと言う。

しかし、その後、不動産会社からはなんの音沙汰もなしだという。

こうして、調停本番までいった2回目の交渉では、完全に交渉決裂。結果的に、契約書の署名捺印を拒否することで、法定更新＝更新料として14万３０００円の家賃1カ月分を丸まる払わずに済んだN氏であった。

法律に定められたとおり、「法定更新」をした以上、S社がN氏を本裁判で提訴してくるはずがない。もししてきたところで、S社が確実に勝てる保証などないのだから。

なお、一度、法定更新をすれば、その後、二度と更新料を払う必要はないのは先述したとおりである。


二度目の交渉では、調停まで持ち込んでも大家サイドの譲歩を引き出すことはできなかったのは、「前回の更新時に、大家は譲歩している」という心証が、思いのほか調停委員に強くあったからだろう。

もし、N氏が最初の交渉のときに調停に持ち込んでいたのなら、調停委員は、いくらかの譲歩を大家サイドに迫ったはず。大家サイドもそれをある程度飲まざるをえなかっただろう。

つまり、かなり手ごわい相手であっても、家賃交渉において一度は、調停（するかしないかは別にして）のプレッシャーによる効果は期待できるということである。

しかし、その効果は二度は期待できないため、そのときには「法定更新」という最後の切り札を切ることによって、更新料を実質無料にしてしまえることが実証されたと言えるだろう。

# エピローグ――マイホームはここまで安くなった

## ●中古マンションのショッキングなデータ

アベノミクスの歴史的な金融緩和によって、都心の一部や人気沿線の不動産は、「爆上げ」といっていいほど値上がりを続けた。新築のタワーマンションなどは「バブル再来！」の勢いで、一部人気エリアでは〝億ション〟すら乱立している。

しかし、その一方で郊外に目を転じると、いまだにすさまじいまでの不動産デフレの現実を目の当たりにするのだから、不動産というのはおもしろいものである。

そんな二極化が進む時代に、賢くマイホームを買うには、どうしたらいいのだろうか。

本書の最後にあたり、「購入」という選択肢についても簡単に解説してみよう。

あなたは、近所の中古マンションがいくらで売りに出されているかを調べたことがある

2LDKがここまで安くなった！

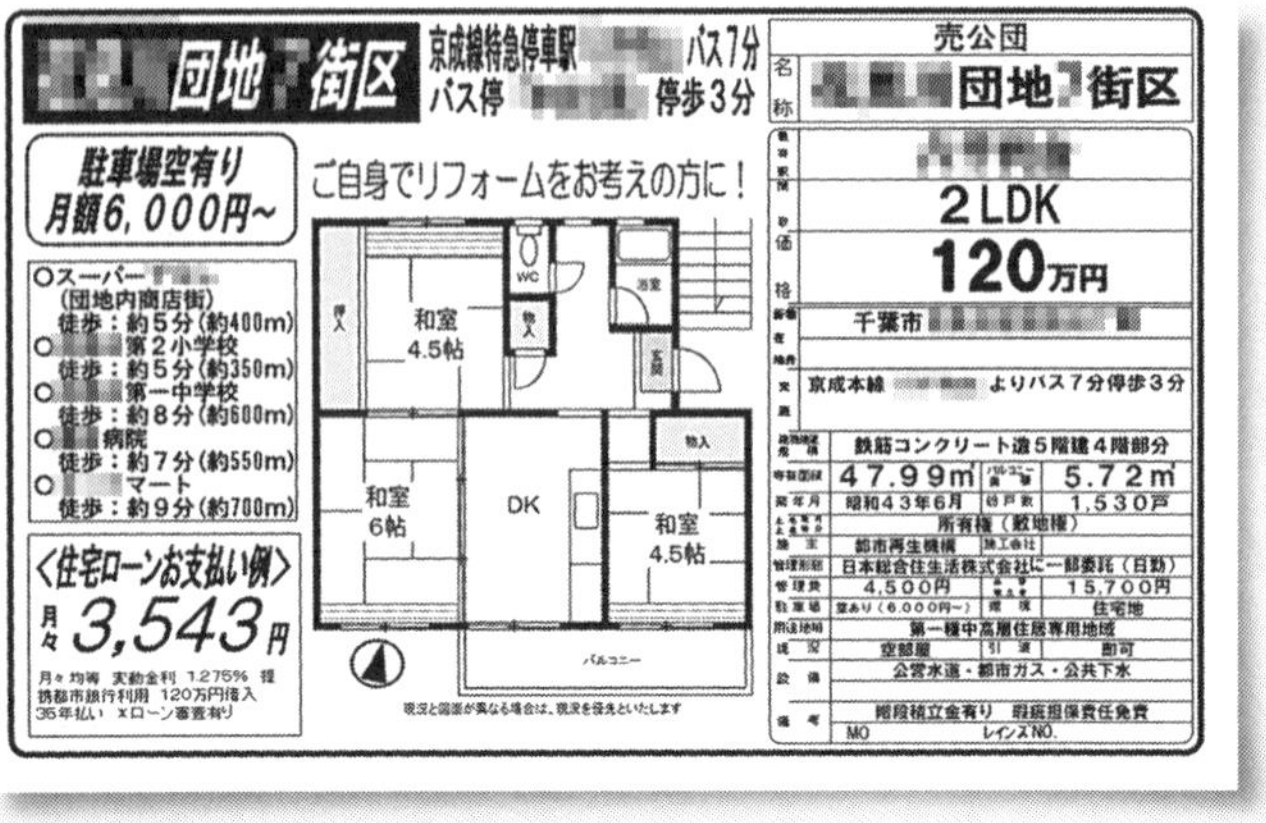


だろうか？　ショッキングなデータを紹介しよう。

「Ｙａｈｏｏ！不動産」で、首都圏における５００万円未満のファミリー向け中古マンション（40平米以上）を検索すると、一都三県の合計で２００件を超える物件がヒットする。その内訳は、千葉県98件、神奈川県60件、東京都６件、埼玉県79件である（２０１８年10月17日現在）。

５００万円未満ということで、さぞかしへんぴな場所かボロボロの部屋に違いないと思いきや、意外にもこれが結構普通なのである。

最安は、千葉県西部にある２ＬＤＫ・47平米の物件で１３０万円。築50年の古い物件ながら、旧日本住宅公団（現ＵＲ都市機構）が高度成長期に開発した、いわゆる公団マンションだ。

最寄り駅から東京駅までは快速で約60分の立地。南向きバルコニーを備えた5階建ての最上階で、日当たり・眺望ともに良好。壁紙や畳も新規リフォーム済みのうえ、モニターインターホン付き。ただし、決定的なデメリットは、エレベーターがないこと。同じ団地内でも売りに出されている物件は多いが、3階以上は敬遠されがちで、売れずにズルズルと価格が下がっていったというのが実情のようだ。

右ページに掲載したのは、同じ団地内、同じ間取りの物件の2014年時点のチラシである。当時もこの団地内が首都圏での最安物件。リフォームが必要だったのに、4年後の現在は、10万円高くなったもののリフォーム済みというから、この条件の不動産はほとんど値動きしていないこともわかる。

こうした状況を踏まえて、購入という選択を検討する際に重要なことはなんだろうか。

まず、リスクを減らすためには、一カ所に資金を集中しないことが鉄則となる。つまり、不動産だけに全財産をつぎ込んでしまうと、それが値下がりしたときの損失が大きすぎる。

人口減少時代に突入した日本では、不動産の持続的な値上がりが期待できない以上、マイホームを購入するとしたら、できるだけ安い物件にしておくのが賢明である。
5000万円の物件の価値が半分になると2500万円もの含み損を抱えてしまうが、500万円の物件なら、もし半分になってもクルマ一台分と思えばあきらめがつく範囲だ。

## ●賃貸か、購入かという選択

いまあなたが借りている部屋と似た条件の物件を買ってしまったらどうなるか、シミュレーションしてみるものおもしろい。「海山ヒルズ3DK　830万円」（数値は神奈川県内の実在中古物件のデータ）という物件が見つかったとしよう。

この物件を購入するため、頭金0円、金利2％で、830万円全額を20年ローンで借り入れたとすると、月々4万2000円の返済（諸費用約80万円は自己資金）となる。管理費、修繕積立金込みの月々の住居費は、6万4300円になる計算だ。

つまり、あなたがいま8万円の家賃を払っているとしたら、この物件を買ってしまうことで、確実に住居費は安くなると考えられる。そのまま20年住み続ければ、ローンは完済され、〝家賃ゼロ〟で管理費と修繕費積立金のみになる。

賃貸物件をいろいろと探してみたけれども、8万円以下で自分の希望を満たすような物件がなさそうであれば、賃貸とまったく同じ感覚で、物件の購入を検討してもいいわけだ。

## ●引っ越しで赤字にならないために

賃貸だと選んだ部屋が気に入らなければ、いくらでも自由に住み替えができるが、マイホームを購入するとそういうわけにもいかない。〝賃貸感覚〟での物件購入を検討するなら、「ほかに引っ越したい」と思ったときのシミュレーションも必要だろう。

では、5年後にこの物件を売却してしまった場合、どうなるか試算してみよう。

市場価格が年に5％ずつ下落していったと、かなり厳しめの条件で計算すると、830万円で買ったマンションは、5年後に642万円程度でしか売れない。

830万円フルローンで買った場合、5年後には177万円返済（元利均等）していて、残債は653万円。売却代金642万円との差額11万円と、売却先を見つけてくれた不動産屋に払う仲介手数料約27万円の合計38万円が赤字になる計算だ。

つまり、5年後に下がった値段で売却すると赤字が出るが、もし40万円程度頭金を出していれば、プラスマイナスゼロで済むことになる。その間、それよりも高い家賃を払って借りていたと考えれば、決してソンではない。

毎年、確実に不動産が値下がりしていく時代にあっても、コストパフォーマンスの高い物件を選んでおけば、5年ごとに赤字を出さずに売却して住み替えていくことも可能になるというわけだ。

多くの日本人は、まるで新興宗教に洗脳でもされたかのように、住居費に湯水のごとくお金をつぎ込んでしまう。昼食に180円のサラダを追加するかどうかで悩んでしまう人が、1円の値引きも要求しないまま4000万円を超える物件を35年ローンでポンと購入してしまう。50円安い野菜を買うために隣町のスーパーに足を運ぶ人が、何年にもわたって高いままの家賃を支払い続ける。

ふだんの買い物と同じく、不動産も1円でも安く買い、1円でも安く住むための努力をするべきである。

安く住むことは難しくはない。これまで何度も繰り返したように、「比較することで、コストは下がる」。借りるにせよ、買うにせよ、とにかくひたすら複数の選択肢を「比較し続ける」だけで、だれでもそれは実行可能なのだから。

日向咲嗣◉ひゅうが・さくじ
1959年、愛媛県生まれ。大学卒業後、新聞社・編集プロダクションを経て、フリーライターに。「転職」「独立」「副業」「失業」問題など職業生活全般をテーマに著作多数。失業当事者に寄り添っての執筆活動が評価され、2018年「貧困ジャーナリズム賞」受賞。本書では、これまで不動産のプロたちが口をつぐんできた〝聖域〟賃貸住宅の家賃に切り込んでいる。

家賃は今すぐ下げられる！

二〇一八年　十二月　三日　初版発行
二〇二二年　四月二一日　二刷発行

著　者　日向咲嗣
発行者　中野長武
発行所　株式会社三五館《さんごかん》シンシャ
〒101-0052
東京都千代田区神田小川町2-8　進盛ビル5F
電話　03-6674-8710
http://www.sangokan.com/
発　売　フォレスト出版株式会社
〒162-0824
東京都新宿区揚場町2-18　白宝ビル7F
電話　03-5229-5750
https://www.forestpub.co.jp/
印刷・製本　中央精版印刷株式会社

ISBN978-4-86680-901-4